ARCHITECTURE DÉCIMALE

PARALLÈLE

DES

ORDRES D'ARCHITECTURE

ET

DE LEURS PRINCIPALES APPLICATIONS

SUIVANT

PALLADIO, SCAMOZZI, SERLIO, VIGNOLE, PHILIBERT DE L'ORME ET PERRAULT

ÉTABLI

SUR UNE DIVISION DU MODULE EN HARMONIE AVEC LE SYSTÈME DÉCIMAL

PAR F. A. RENARD, ARCHITECTE

Le système décimal doit un jour
s'appliquer à tout et partout.

Prospectus

Trois années se sont écoulées depuis que nous avons appliqué, pour la première fois, la division décimale au *modale*, c'est-à-dire à la mesure qui sert à déterminer les proportions des ordres d'architecture; pendant ces trois années d'épreuve aucune objection sérieuse ne s'est élevée contre la réalité des avantages que nous promettions de cette application nouvelle; tout au contraire, une approbation sans réserve nous est arrivée de la part de juges dont les lumières et la compétence en cette matière

1845

n'ont pu paraître douteuses [1]. Cette approbation, jointe au succès soutenu de l'œuvre qui en était l'objet, nous donne enfin la conviction d'avoir fait une chose utile; aussi n'hésitons-nous plus à donner à notre innovation, toujours dans le but de faciliter en même temps et l'étude et la pratique d'un art auquel se rattachent d'ailleurs tant de ramifications diverses, d'autres applications beaucoup plus étendues que la première.

C'est ainsi que, sous le titre général d'*Architecture décimale*, nous allons faire paraître successivement :

1° Un parallèle des ordres d'architecture et de leurs principales applications suivant Palladio, Scamozzi, Serlio, Vignole, Philibert de l'Orme et Perrault;

2° Un parallèle des ensembles et détails des principaux édifices antiques grecs et romains;

3° Une nouvelle théorie de l'Architecture où les trois ordres des Grecs, modifiés par les Romains et les architectes modernes, sont gradués et subdivisés pour tous les cas de l'application [2].

La reproduction que nous donnons ci-après des principales opinions émises au sujet du Vignole centésimal, nous paraît ici d'autant plus à propos que d'abord tout ce que l'on y voit consacré à reconnaître les avantages résultant de notre nouveau mode de division du module, doit s'étendre sans restriction aux nouvelles publications que nous annonçons et qu'ensuite on pourra voir dans ces dernières les efforts faits par nous en vue de combler les lacunes que l'une des opinions dont nous venons de parler, celle de la *Revue*, signale avec raison, dans l'intérêt de l'étude de l'Architecture, en présence des riches carrières qu'il a été permis à l'art d'exploiter dans ces derniers temps.

En effet, il est bien évident que les règles des cinq ordres établies par Vignole sont loin, aujourd'hui, de pouvoir suffire à ceux qui veulent faire de l'Architecture une étude sérieuse et approfondie; lorsque, depuis l'époque où vivait ce célèbre artiste, il est sorti encore chaque jour du sol inépuisable de la Grèce et de l'Italie de nombreux débris attestant beaucoup mieux encore que ceux que Vignole a pu étudier dans son temps l'ancienne magnificence architecturale de ces contrées classiques.

D'un autre côté, peut-il être permis de prétendre que Barrozzio de Vignole soit le seul, parmi les architectes modernes, qui ait bien su comprendre l'art antique et qui en ait le mieux deviné les règles; quand quelques-uns, d'une célébrité non moins égale à la sienne, tels que Palladio et Scamozzi, florissant à la même époque, se sont livrés aux mêmes recherches et en ont également publié les résultats. N'est-on pas au contraire amené, en comparant à celle de Vignole les œuvres de ces artistes, à prononcer l'égalité sur certains points, la supériorité même sur d'autres, mais à déclarer à coup sûr, après les avoir attentivement étudiées, que si ces œuvres n'ont pas joui de toute la popularité que s'est acquise celle de Vignole, ce n'est pas à une moins grande pureté de goût et de discernement de la part de leurs auteurs qu'il faut s'en prendre; mais bien plutôt seulement à la manière moins avantageuse dont leurs compositions y ont été dessinées dans le principe, à une moins grande simplicité dans l'exposé des méthodes, et surtout, chez Scamozzi particulièrement, à l'emploi d'une division modulaire beaucoup plus compliquée que celle de Vignole.

Enfin, quand, d'une part, nous nous voyons en possession de tant de magnifiques débris de l'art ancien, et que, d'autre part, nous pouvons si bien profiter des savantes tentatives faites à diverses époques par les plus grands maîtres de l'art moderne, le moment n'est-il pas venu d'établir une nouvelle théorie des ordres d'architecture? C'est ce que nous avons osé tenter en nous livrant à notre dernier travail. Loin de nous toutefois la prétention d'avoir, à cet égard, résolu le problème d'une manière entièrement satisfaisante; mais en offrant à tous, après en avoir facilité les abords, les sources où nous avons puisé nous-mêmes, peut-être aurons-nous contribué à déterminer un jour la création d'une ordonnance générale plus heureuse et plus complète que celle que nous aurons proposée.

Dans tous les cas, les trois recueils que nous annonçons présenteront toujours aux élèves-architectes, ainsi qu'aux praticiens, une variété considérable d'ensembles et de détails dont ils pourront s'aider hardiment, au besoin, sans courir le risque de s'égarer dans ces compositions bizarres, lourdes ou mesquines, contre lesquelles la raison et le bon goût ont si fréquemment occasion de se révolter.

L'attention la plus rigoureuse a été apportée par nous dans la traduction des proportions des ordres composés par les auteurs, et pour ne nous exposer à aucune inexactitude d'ailleurs, nous avons rejeté toute traduction antérieure à la nôtre, et n'avons opéré que sur les éditions originales elles-mêmes, les seules qu'on puisse supposer avoir été publiées sous les yeux et par les soins des auteurs. Quant aux proportions des divers monuments que doit offrir le second recueil, nous les avons puisées dans les restaurations des artistes les plus renommés et les plus consciencieux, telles que celles de Stuart et Revett, pour les antiquités d'Athènes, celle de Delagardette, pour les ruines de Pœstum, etc.

Nous commençons par la publication du parallèle des auteurs; elle se composera de 10 à 11 livraisons, de chacune quatre planches grand in-4° et de quatre feuillets de texte explicatif. Les autres parties de notre Architecture décimale ne seront pas moins étendues que cette première, et, comme chacune d'elles, considérée isolément, constitue un ensemble bien distinct et bien complet, de même l'acquisition pourra s'en faire séparément et n'entraînera pas absolument celle des autres parties.

Voir à la fin de ce prospectus les autres conditions de la souscription.

[1] Voir, ci-après, les divers jugements rendus sur notre traduction de Vignole.
[2] La principale partie de ce dernier travail a été admise par le jury à l'exposition du Musée royal de 1842.

EXTRAIT du Journal *l'Artiste*.

N° du 11 décembre 1842.

VIGNOLE CENTÉSIMAL.

« Depuis trois siècles, les cinq ordres d'architecture de Barozzio de Vignole ont servi de règle à tous ceux qui pratiquent l'art de bâtir; depuis trois siècles, les artistes ont donné et conservé au célèbre Italien le titre mérité de *Législateur de l'Architecture*.

« Vignole restera toujours le guide de l'architecte, et M. Renard, en publiant une traduction de l'immortel ouvrage, dans l'intérêt des études, a montré comme il comprend bien les besoins de l'enseignement et les moyens d'en faciliter la pratique. Mais ce que nous avons surtout trouvé digne de remarque dans cet important travail, c'est une heureuse innovation due tout entière à M. Renard, et qui doit simplifier considérablement les recherches des jeunes élèves, dans la comparaison des ordres entre eux, et dans celle des différentes parties qui constituent un même ordre : nous voulons parler de la division du module, suivant les règles du système décimal.

« Le module est la mesure au moyen de laquelle on détermine les rapports et les proportions des divers membres qui constituent les ordres d'architecture. Il est égal à la moitié du diamètre inférieur du fût de la colonne. Vignole l'a divisé en douze parties pour les ordres dorique et toscan, et en dix-huit parties pour les trois autres ordres. Quelques auteurs, et parmi eux on compte Palladio et Scamozzi, voulant étendre les ressources du module, ont porté sa division à trente parties. Mais, dans ces différents cas, les parties obtenues étant encore beaucoup trop fortes pour déterminer les proportions de certaines petites moulures des ordres, on est obligé d'avoir recours aux subdivisions des demi, tiers ou quart de parties, ce qui donne une complication de rapports divers telle, qu'il devient excessivement difficile de saisir la proportion existant entre une quantité quelconque et l'unité dont elle émane.

« M. Renard, frappé de la simplicité du système décimal et de la facilité des opérations auxquelles on le soumet, a imaginé de l'appliquer à la division du module;

à cet effet, il a partagé cette mesure en cent parties égales pour les cinq ordres.

« Il résulte de ce nouveau système des avantages bien positifs : d'abord, il permet à l'esprit d'embrasser d'un seul coup d'œil, non-seulement la comparaison des membres différents d'un même ordre, mais encore la comparaison des ordres entre eux.

« De plus, la grande facilité de la pratique du système décimal simplifie singulièrement, dans cette nouvelle méthode, les opérations nécessaires pour mettre un ordre en proportion.

« Ensuite, l'étude des ordres reposant sur la science des proportions, cette étude se fera plus promptement, puisque les proportions entre les ordres seront instantanément exprimées par le nom même de leur valeur figurée.

« Enfin, les divisions du module devenant proportionnellement égales aux divisions du mètre, ces dernières pourront servir, dans tous les cas possibles, à mettre un ordre quelconque en proportion.

« Ces avantages s'expliquent clairement et font ressortir d'eux-mêmes l'utilité de la nouvelle méthode de M. Renard.

« Après un court exposé de son système, il aborde la traduction de Vignole, et les planches explicatives des cinq ordres. Il est bien entendu que l'échelle des proportions est construite d'après le procédé centésimal, et que, dans la traduction du texte, toutes les proportions de Vignole sont converties en nouvelles proportions déterminées par le module centésimal.

« L'exécution des planches répond à l'importance d'un ouvrage destiné par M. Renard à un enseignement sérieux.

« Outre l'exactitude scrupuleuse apportée dans les rapports des membres (en supposant toutefois que tous les rapports de Vignole soient bien vrais), on doit signaler et louer la valeur artistique que M. Renard a su leur donner, par la finesse et la pureté de son crayon. »

EXTRAIT *de la Revue générale de l'Architecture et des Travaux publics*.

N° du mois de janvier 1844.

VIGNOLE CENTÉSIMAL.

« Peu d'hommes ont été plus prônés et plus décriés que Jacques Barozzio, dit de Vignole, du lieu de sa naissance. Après avoir été encensé durant deux siècles sous le vocable de *Législateur de l'Architecture*, on a vu tout à coup, de nos jours, ses autels abandonnés, ses lois tombées en désuétude, et son nom même livré au ridicule parmi les artistes, lui, l'un des artistes les plus féconds de la renaissance italienne. Gloire et mépris, c'est surtout son livre sur les ordres qui lui a valu l'un et l'autre; mais cette gloire était légitime, et pourtant ce mépris

s'explique. Mettons pour aujourd'hui l'artiste hors de cause pour ne parler que du législateur.

« A l'époque où vivait Vignole, tous les regards étaient tournés vers l'antique; l'art antique seul avait ses droits bien établis dans la cité des papes, dans les somptueux palais des prélats et des princes de l'Italie. Les architectes dirigeaient exclusivement leurs études vers l'antiquité romaine, la seule, il faut le dire, qui fût à leur portée d'étudier. La Rome d'Auguste sortait du sol fouillé de la Rome moderne, mais mutilée, par fragments; et ceux d'ailleurs qui voulaient apprendre ce bel art de bâtir n'étaient pas tous à Rome, n'avaient pas tous sous la main des débris de monuments antiques dont ils pussent mesurer les proportions.

« Faire à cette époque un livre qui donnât pour chacun des cinq ordres usités des mesures relevées d'après ces fragments, et modifiées ou justifiées d'après d'autres fragments, en un mot, une moyenne proportionnelle entre tous les détails de même nature appartenant à un même ordre, exprimer cette moyenne par une unité qui pût être comprise dans tous les pays, c'était rendre à l'art un service immense, incontestable ; c'est ce service-là que Vignole a rendu.

« Spécialement chargé par l'Académie d'Architecture qui venait de se fonder à Rome, de relever pour elle les monuments antiques épars sur le sol romain ; nourri de bonne heure dans les discussions d'art ; observateur calme et judicieux d'ailleurs, à qui une longue pratique avait rendu familières toutes les proportions des divers ordres, nul peut-être plus que Vignole n'était capable de faire le livre qu'il a fait.

« Mais, nous l'avons dit, Barrozzio n'avait eu entre les branches de son compas que les débris de l'art romain ; et quels débris, si on les compare à tous ceux que nous pouvons mesurer aujourd'hui ! Depuis lors, sans parler des monuments étrusques et de tant d'autres qui sont sortis peu à peu de leurs tombes, nous avons trouvé deux villes entières dont les splendeurs couvaient depuis dix-sept siècles sous la cendre du Vésuve. Depuis lors aussi, un jour est venu où nous avons découvert la Grèce, ce jardin des Hespérides qu'un savait bien, au temps de Vignole, renfermer des trésors, mais dont le Turc s'était constitué le dragon et en défendait impitoyablement l'accès. Faut-il donc s'étonner que Vignole n'ait pas tenu compte de ce qu'il ne connaissait pas, de ce qu'il ne pouvait pas connaître, et qu'il ait fait des lois différentes de celles qui ont dû présider à la construction des plus beaux monuments de l'antiquité ?

« Si, à ces causes de désuétude, nous ajoutons l'abus que la spéculation et l'ignorance ont fait d'un nom illustre, en publiant sous le titre classique de *Vignoles* une multitude de recueils indigestes où la fausseté des proportions rivalisait avec la grossièreté des profils et le mauvais goût des ornements, nous comprendrons facilement le mépris où ce nom est tombé chez ceux-là précisément dont la nature artistique, et le goût développé par la vue des formes simples et pures de l'antiquité eussent été le plus sympathiques au mérite de Vignole, au temps où celui-ci vécut. Si spolier un homme de ses œuvres pour s'en attribuer le mérite est une action criminelle, combien n'est-il pas plus criminel encore de prostituer un beau nom pour l'afficher au front d'une œuvre mauvaise, ainsi qu'à un pilori de honte et de flétrissure ?

« Mais hâtons-nous de prévenir une erreur imminente, et d'informer nos lecteurs que le livre de M. Renard-Périn n'est pas de ceux qui feront tort à l'illustre Vignole. M. Renard-Périn a reproduit, sans prendre sur lui de les modifier, les proportions et les formes de l'architecte du palais *Caprarole*, et il a traduit en Français le texte italien qui est consacré à l'explication des planches. Mais la ne s'est pas bornée sa traduction ; il a traduit aussi la mesure universelle de Vignole, le *module*, en langage décimal, si toutefois il nous est permis de parler ainsi, et c'est là ce qui distingue particulièrement le livre de M. Renard-Périn de tous les livres de même espèce publiés jusqu'à ce jour.

« Vignole, on le sait, avait divisé son module, c'est-à-dire le demi-diamètre de l'extrémité inférieure du fût de la colonne, en douze parties pour les ordres toscan et dorique, et en dix-huit pour les ordres ionique, corinthien et composite. Ces parties, souvent trop grandes pour mesurer les membres les plus délicats, étaient elles-mêmes divisées en fractions duodécimales, système alors généralement admis pour toutes les divisions de mesures. Le système de division duodécimale avait certainement des avantages réels, comme par exemple de permettre un grand nombre de subdivisions sans tomber dans des fractions de fractions. Mais sans discuter ici les raisons qui pourraient justifier notre prédilection pour le système duodécimal plutôt que pour le système décimal, il nous suffira de remarquer qu'une fois ce dernier admis et surtout commandé comme mesure générale, il n'y avait plus à balancer ; il devait être appliqué aux proportions des ordres aussi bien qu'aux autres parties de l'Architecture ; mais remarquons en même temps que, dans cette circonstance, il n'y a pas un seul avantage résultant de son emploi qui n'eût pu aussi bien résulter de l'emploi du système duodécimal, dans l'hypothèse, bien entendu, que dans ce dernier cas on ferait usage de douze chiffres et du zéro, au lieu de neuf chiffres et du zéro. C'est ce qui nous empêche d'attribuer exclusivement au nouveau système, ainsi que l'a fait M. Renard-Périn, tous les avantages qui résultent de sa méthode. En effet, voici ces avantages : 1° unité de mesure pour tous les ordres ; 2° suppression des anciennes fractions de parties, et par conséquent des longues opérations qu'elles traînaient à leur suite ; 3° faculté que possèdent les quantités décimales, et par suite centésimales, d'exprimer instantanément *par leur nom* le rapport de la partie fractionnaire avec l'unité ; 4° l'emploi possible des divisions de la mesure légale (du mètre) pour mettre un ordre en proportion. Nous le demandons, lequel de ces quatre avantages n'eût été aussi facilement obtenu à l'aide d'un système duodécimal bien et complètement organisé ? Mais le nouveau système présente une unité d'ensemble que n'offraient certainement pas les divisions *duodécimales* combinées avec l'emploi d'un système de numération *décimale* ; d'ailleurs le système décimal, nous le répétons, est aujourd'hui obligatoire de par la loi. Cette dernière raison, bien que l'obligation ne s'étende pas explicitement jusqu'au module, est pour nous tout à fait concluante, en raison des avantages qui découlent toujours de l'unité de système, et des remercîments sont dus à coup sûr à M. Renard-Périn pour les efforts qu'il a faits en vue d'atteindre cette unité.

« M. Renard-Périn divise donc le module en cent parties égales qui se trouveront par cela même proportionnellement égales aux divisions du mètre, et, partant de ce principe, il cote toutes les planches de Vignole avec un module centésimal. A cela il ajoute, dans des tableaux fort bien faits et fort commodes, toutes les mesures des ensembles et des détails donnés par Vignole pour chaque ordre, avec leurs traductions en divisions centésimales en regard ; de sorte qu'à la rigueur, et pour les ornements exceptés, on pourrait, à l'aide de ces tableaux, s'épargner l'usage des planches. A cet effet, et pour faciliter l'emploi de ces tableaux, il donne un nouveau procédé qui permet de mettre en peu de temps un ordre en proportion. Ce procédé, dont nous ne pourrions guère donner ici que la théorie, repose sur les propriétés que possèdent les triangles d'avoir leurs deux côtés coupés en parties proportionnellement égales par toutes les lignes menées parallèlement à leur base.

« Cette méthode à la fois prompte et d'une précision mathématique suffirait à elle seule pour établir la supériorité de ce nouveau Vignole sur tous les autres.

(*Nous donnons ci-après un exemple de l'application de cette méthode sur laquelle* la Revue ainsi que le Journal des Travaux publics *ont cru devoir appeler plus particulièrement l'attention de leurs lecteurs*).

« M. Renard-Périn complète aussi le tracé géométrique de la volute ionique, dont Vignole n'avait indiqué que la première révolution, et il termine son livre en donnant une échelle des *dixmes* appliquée au module.

« Le *Vignole centésimal* est un livre fort utile qui lèvera pour l'élève un nombre infini de difficultés que le mélange des systèmes ancien et nouveau n'eût pas manqué de jeter sur sa route. L'étude de l'Architecture est déjà assez complexe, assez universelle, pourrions-nous dire, pour que les hommes de mérite s'efforcent d'en aplanir les voies. La stricte obéissance aux lois de Vignole n'est point chose à craindre pour les jeunes élèves, et ces lois peuvent fort bien servir de guide aux industriels, qui commettraient, sans ce premier secours, des fautes dont l'énormité ne manquerait pas de corrompre promptement le goût des classes ouvrières, et on verrait bientôt partout le caprice se substituer à la règle. Aussi, tout en désirant voir promulguer un jour un code plus complet et plus juste que celui du législateur italien, nous croyons qu'il peut encore, même aujourd'hui, servir, sinon de type, au moins de règle générale. »

EXTRAIT du Journal *des Travaux publics, des Chemins de fer, de l'Agriculture, du Commerce et de l'Industrie.*

N° du 2 février 1845.

VIGNOLE CENTÉSIMAL.

« Tout le monde connaît Vignole, cet architecte italien, qui vivait au temps de la renaissance. Il a laissé le livre le plus goûté qui existe sur les proportions et les rapports que l'on doit observer entre les divers membres constituant les ordres d'architecture.

« Ces rapports sont-ils obligatoires avec une précision millimétrique; d'où viennent-ils; qui prouve que ce soient les meilleurs ? — Voilà les questions que chacun s'est posées au moins une fois dans sa vie.

« La réponse n'est pas facile ; il en est de ces proportions comme de celles des traits du visage et des formes du corps. Personne ne saurait dire pourquoi la beauté humaine est la beauté, et cependant il en existe un type comme il en est un pour l'Architecture.

« Nous ne croyons pas cependant que la beauté soit *une*, pour l'espèce humaine pas plus que pour la pierre taillée en monuments; elle est certes aussi variable que les instincts, que les facultés des êtres qui sont appelés à en juger. Cependant il résulte de notre éducation, de ce qui nous a frappé les yeux dès notre enfance, de tous les objets qui nous entourent et qu'on nous a appris à admirer, il résulte enfin d'une certaine conformité d'instincts et de race, une certaine analogie dans la manière de juger. C'est là la cause première des types, croyons-nous. Sous le rapport de l'art nous sommes Grecs et Romains, et nos types de beauté dans tous les genres sont les leurs.

« Comment Vignole a-t-il déterminé les proportions des divers ordres d'architecture ? — laissons-le parler lui-même :

« Voulant, dit-il, trouver une règle, par exemple,
« pour l'ordre dorique, j'ai remarqué que celui du
« théâtre de Marcellus à Rome, était le plus universelle-
« ment approuvé; je l'ai donc pris pour fondement de la
« règle de cet ordre et j'en ai déduit les principales parties
« du mien. Si quelque petit membre ne répondait pas
« entièrement à la proportion des nombres, ce qui
« pouvait bien résulter soit de la faute des sculpteurs,
« soit de quelques accidents, qui, bien que fort minimes,
« ne laissent pas d'opérer d'assez grandes différences
« quand il s'agit de très-petites parties, je n'ai pas
« hésité à les accommoder à ma règle en m'éloignant
« le moins possible de leurs mesures et en faisant valoir
« ces petites licences par l'autorité des autres doriques
« qui ont le plus de réputation, et en leur empruntant
« quelques petites parties pour suppléer à celles du
« théâtre de Marcellus. De sorte que, non comme Zeuxis
« à l'égard des filles de Crotone, mais comme mon juge-
« ment m'a pu guider, j'ai purement composé mes ordres

« de tous les ordres anciens réunis, n'y apportant de
« ma part que la distribution des proportions fondée sur
« des nombres simples, sans me servir de brasses, de
« pieds et de palmes d'aucuns pays, mais seulement
« d'une mesure arbitraire appelée *module*, divisée en
« un certain nombre de parties égales. »

« Nous avons emprunté cette citation qui explique la méthode de Vignole, et fait comprendre qu'on n'est point tenu de suivre ses chiffres avec une rigueur mathématique, à une nouvelle traduction de cet auteur qui a paru, il y a quelque temps déjà, et qui est due à M. F. A. Renard, architecte.

« Est-ce une simple traduction ? — Non, et son titre seul le prouverait, son titre qui est la seule chose que nous ayons à reprendre dans un travail réellement utile. En effet, M. Renard a appelé son livre : *Vignole centésimal*, sans plus de raison que de l'appeler millésimal ; c'est décimal qu'il devait dire ; ce nom indique la base du système envahisseur auquel il a converti le vieux Vignole lui-même.

« Voici ce qu'a fait M. Renard : il a divisé le *module* qui, comme chacun sait, est la moitié du diamètre inférieur du fût de la colonne, en cent et en mille parties égales pour les cinq ordres d'architecture, tandis que dans Vignole cette mesure est divisée en douze parties pour certains ordres et en dix-huit pour d'autres; les petites moulures s'obtenaient jusqu'à présent en subdivisant les premières divisions par demi, tiers, quart, ce qui porte la division aux soixante douzièmes au maximum.

« Il faut avoir pratiqué soi-même pour bien sentir tous les inconvénients de l'ancien système; avec la méthode de M. Renard, qui a traduit les anciennes mesures en langage nouveau, on peut facilement comparer l'un avec l'autre les membres appartenant à un même ordre, et ceux qui dépendent de chacun des quatre autres ; le tracé est simplifié d'une manière merveilleuse, car les divisions du module devenant proportionnelles à celles du mètre, ces dernières peuvent servir directement à mettre un ordre quelconque en proportion, sans qu'il soit besoin de faire une division particulière du module de cet ordre.

« C'est donc là une innovation utile, non-seulement aux architectes, mais encore aux constructeurs de machines et d'outils qui, eux aussi, sont tenus de sacrifier à la grâce, et qui tous connaissent le prix du temps et de la simplicité des méthodes pratiques.

« Du reste, le livre dont nous nous occupons est accompagné de dessins et de tracés exécutés avec une grande habileté. »

TRACÉ DES ORDRES D'ARCHITECTURE.

NOUVELLE MÉTHODE

RESSORTANT DE LA DIVISION DÉCIMALE APPLIQUÉE AUX PROPORTIONS DE L'ARCHITECTURE,
SUIVANT LAQUELLE ON PEUT TRÈS-PROMPTEMENT DESSINER UN ORDRE ENTIER,
OU SEULEMENT L'UNE DE SES PARTIES, DANS UN ESPACE DONNÉ QUELCONQUE, SANS LE SECOURS DU MODULE,
A L'AIDE DES DIVISIONS MÊMES DU MÈTRE.

(Voir la Planche ci-jointe).

Supposons que dans la hauteur D B, déterminée par les deux lignes horizontales A B, C D, il s'agisse de dessiner l'ordre toscan selon Vignole. Ayant sous les yeux les planches 1re et 7e du Parallèle des auteurs, sur lesquelles les proportions de l'ensemble et des parties de cet ordre sont exactement cotées, nous remarquons d'abord que la hauteur totale dudit ordre est de 22 modules 17 centièmes; nous prenons alors une règle de 30 centimètres de long, par exemple, divisée en centimètres, millimètres et demi-millimètres, nous plaçons le 0 de sa division en un point quelconque E de la ligne C D, puis nous inclinons cette règle jusqu'à ce que le point de division indiquant 22 centimètres 17 dix-millièmes vienne toucher exactement la ligne supérieure horizontale au point F; nous menons ensuite la ligne E F.

Sur cette dernière ligne nous marquons avec un crayon taillé très-fin toutes les divisions et subdivisions de l'ordre; nous commençons d'abord par les trois principales divisions qui sont le piédestal, la colonne et l'entablement; ainsi, à partir du point E, nous comptons 4 centimètres 67 dix-millièmes et nous marquons le point G, lequel exprimera la hauteur du piédestal qui, selon Vignole, est égale à 4 modules 67 centièmes. De ce dernier point, après y avoir rapporté le 0 de la division métrique, nous comptons 14 centimètres, lesquels représenteront au point H la hauteur totale de la colonne, que Vignole a fixée à 14 modules. Enfin, de ce dernier point H au point F, nous voyons qu'il nous reste 3 centimètres 50 dix-millièmes; cette quantité sera l'expression de la hauteur totale de l'entablement égal à 3 modules 50 centièmes.

Nous opérons de la même manière pour toutes les autres divisions et subdivisions de l'ordre, ce qui nous donne sur la ligne E F plusieurs autres points dont la quantité est déterminée naturellement par le nombre des cotes inscrites sur la planche 7e.

Maintenant si, par tous les points marqués sur la ligne E F, nous menons des lignes horizontales parallèles aux deux lignes A B et C D, nous nous trouvons avoir divisé l'intervalle compris entre ces deux dernières, en parties mathématiquement proportionnelles à toutes les distances marquées sur la ligne E F, et de la sorte nous avons créé exactement toutes les proportions en hauteur des différents membres ou moulures de l'ordre qu'il s'agissait d'établir dans la hauteur donnée B D.

Cette première opération faite, il ne nous reste plus, pour achever complétement notre tracé, qu'à déterminer les saillies des membres et moulures dont nous venons de parler. Voici comment ces saillies s'obtiennent :

D'un point quelconque pris sur la ligne E F, nous élevons à cette ligne une perpendiculaire I K, coupant l'axe de la colonne au point L, puis à droite et à gauche de ce dernier point, après avoir appliqué la règle divisée suivant I K, nous marquons au crayon les saillies indiquées sur la planche 7 et nous les élevons ou abaissons ensuite verticalement jusqu'aux lignes horizontales, où elles doivent respectivement venir s'appliquer.

C'est ainsi que, pour déterminer la saillie du quart de rond de l'entablement que nous voyons sur la planche 7 être égale à 2 modules 29 centièmes, nous marquons le point M, distant de L de 2 centimètres 29 dix-millièmes, et que nous l'élevons ensuite verticalement sur la ligne A B, où ladite saillie doit enfin venir se fixer de position.

Dans l'exemple que nous venons de citer, l'unité génératrice du module a été représentée par un centimètre; mais on sentira facilement qu'elle peut l'être tout aussi bien par 2, 4, 5 ou 10 centimètres, suivant que l'espace en hauteur dans lequel il s'agira de dessiner un ordre entier, ou seulement une partie de cet ordre, sera plus ou moins étendu. On pourra même, dans le cas de l'exécution en grand d'un ordre ou de la partie d'un ordre, représenter cette unité par le mètre lui-même. Ainsi, supposons qu'il s'agisse de faire de cette manière, dans la hauteur de 70 centimètres, par exemple, le tracé du chapiteau dorique suivant Palladio; on voit, planche 12 du Parallèle, que la hauteur de ce chapiteau est égale à un module; ayant alors un mètre bien divisé, on inclinera cette mesure jusqu'à ce que ses deux points extrêmes touchent exactement les deux lignes horizontales qui renferment la hauteur donnée; puis, ayant mené une ligne suivant cette inclinaison, on établira sur elle, à l'aide des cotes du chapiteau qu'on veut exécuter, les hauteurs proportionnelles de chaque membre ou moulure qui le constituent, et au moyen des lignes horizontales tirées ensuite à chaque point de division, on établira le nouveau tracé que l'on désire tout aussi exactement et avec plus de facilité encore que nous venons d'obtenir ci-dessus celui de l'ordre toscan tout entier.

Nous avons appelé *unité génératrice du module* la fraction du mètre à laquelle, suivant le besoin, on devait avoir recours pour établir, d'après notre méthode, une partie ou la totalité d'un ordre d'architecture quelconque; par analogie, nous appelons la ligne E F, *ligne génératrice des hauteurs,* et la ligne I K, *ligne génératrice des saillies.* Ces deux lignes, comme on l'a vu ci-dessus et comme le représente la figure, doivent toujours être perpendiculaires l'une à l'autre.

Les applications qui précèdent ont pour but de mettre en évidence une partie des avantages que la division décimale du module doit procurer sous le rapport graphique; mais le nombre de ces avantages ne sera pas moins grand quand il s'agira de substituer numériquement à la valeur *fictive* ou *proportionnelle* des différents membres qui constituent un ordre d'architecture quelconque, une valeur *réelle* exprimée par le mètre lui-même et ses subdivisions.

Supposons donc maintenant qu'il s'agisse de construire en réalité l'ordre ionique de Vignole dans la hauteur donnée de 11 mètres 40 centimètres, par exemple, et qu'il nous faille avant tout coter exactement au mètre le tracé ou croquis de cet ordre, qui doit servir à l'ouvrier chargé de son exécution. Nous cherchons, dans ce cas, tout d'abord quelle doit être la longueur réelle du module; nous l'obtenons évidemment en divisant notre hauteur d'exécution, c'est-à-dire 11 mètres 40 centimètres, par le nombre 28,50, qui exprime en modules la hauteur totale proportionnelle de cet ordre, nous trouvons, en conséquence, que la longueur demandée est égale à 0 mètre 40 centimètres; maintenant, multipliant par ce dernier nombre chacune des cotes exprimant sur les planches 17 et 22 du Parallèle les mesures proportionnelles de toutes les hauteurs et saillies de l'ordre ionique dont il s'agit, nous obtenons autant de nouvelles quantités qui seront les véritables mesures métriques dont sera coté le croquis devant servir à l'ouvrier pour l'exécution dudit ordre. C'est ainsi que, à la valeur fictive de 6 modules, qui est la hauteur du piédestal de l'ordre, nous serons amenés, après la multiplication de cette quantité par le nombre trouvé 0 mètre 40 centimètres, à y substituer la valeur réelle de 2 mètres 40 centimètres; à celle de 18 modules, qui est la hauteur proportionnelle de la colonne, celle réelle de 7 mètres 20 centimètres; enfin à celle de 4 modules 50 centièmes, qui est l'expression fictive de la hauteur de l'entablement, celle réelle de 1 mètre 80 centimètres; total, 11 mètres 40 centimètres, qui est la véritable hauteur donnée.

RÉSUMÉ DE CETTE OPÉRATION.

			Valeur fictive ou proportionnelle.			Longueur du module.			Valeur réelle ou métrique.	
			Mod.			*Mèt.*			*Mèt.*	
	Piédestal,	hauteur	6	00	×	0	40	=	2	40
Ordre Ionique de Vignole.	Colonne,	*id.*	18	00	×	0	40	=	7	20
	Entablement,	*id.*	4	50	×	0	40	=	1	80
	TOTAL.		28	50	×	0	40	= TOTAL.	11	40

Nous ne pousserons pas plus loin le cours de ces applications, celles que nous venons de donner seront plus que suffisantes pour convaincre le lecteur de la réalité et de l'étendue des ressources que nous lui faisons espérer de la pratique de notre méthode; qu'il veuille bien en faire lui-même quelques applications et elles suffiront pour le mettre ensuite sur la voie de tous les autres genres d'utilité que cette méthode pourra lui offrir à l'occasion.

DE L'IMPRIMERIE DE CRAPELET, RUE DE VAUGIRARD, N° 9.

Conditions de la souscription.

ARCHITECTURE DÉCIMALE.

Chaque partie de l'*Architecture décimale*, pouvant s'acquérir séparément, se composera de 10 à 11 livraisons grand in-4°, composées chacune de 4 Planches gravées sur acier par Guiguet, et de 4 feuillets de texte descriptif.

La 1re livraison du *Parallèle des auteurs* est en vente; les autres se succéderont exactement de mois en mois.

Prix de chaque livraison : format double du présent Prospectus. . . . 2 fr.

VIGNOLE CENTÉSIMAL.

Ouvrage terminé, composé de 34 Planches gravées sur acier par Guiguet, et de deux feuilles et demie de texte, grand in-8°.

Prix : broché. . . . . 8 fr.

      cartonné. 9 fr.

A PARIS

CHEZ LADRANGE, LIBRAIRE-ÉDITEUR,

QUAI DES AUGUSTINS, N° 19.

A LA LIBRAIRIE SCIENTIFIQUE INDUSTRIELLE DE
L. MATHIAS (Augustin),
QUAI MALAQUAIS, N° 15.

CHEZ CARILIAN GŒURY ET VICTOR DALMONT,
LIBRAIRES POUR L'ARCHITECTURE,
LES PONTS ET CHAUSSÉES, LES MINES, ETC.
QUAI DES AUGUSTINS, 39 ET 41.

ET CHEZ L'AUTEUR, RUE DE VIENNE, N° 11,
PRÈS LA PLACE D'EUROPE.

1845.

EXTRAIT DU PROSPECTUS.

Sous le titre général d'*Architecture décimale*, nous allons faire paraître successivement :

1° Un parallèle des ordres d'architecture et de leurs principales applications suivant Palladio, Scamozzi, Serlio, Vignole, Philibert de l'Orme et Perrault. (Un *fac-simile* des Planches de ce premier ouvrage a été admis par le Jury à l'exposition du Musée royal de 1846.)

2° Un parallèle des ensembles et détails des principaux édifices antiques grecs et romains ;

3° Une nouvelle théorie de l'architecture où les trois ordres des Grecs, modifiés par les Romains et les architectes modernes, sont gradués et subdivisés pour tous les cas de l'application. (La principale partie de ce dernier travail a été admise par le Jury à l'exposition du Musée royal de 1842.)

Conditions de la Souscription.

ARCHITECTURE DÉCIMALE.

Chaque partie de l'*Architecture décimale*, pouvant s'acquérir séparément, se composera de 10 à 11 livraisons grand in-4°, composées chacune de 4 Planches gravées sur acier, par GUIGUET, et de 4 feuillets de texte descriptif.

Prix de chaque livraison, paraissant exactement de mois en mois, à partir du 1er juillet 1845 : 2 fr.

DU MÊME AUTEUR ET CHEZ LES MÊMES LIBRAIRES :

VIGNOLE CENTÉSIMAL

OU

LES RÈGLES DES CINQ ORDRES D'ARCHITECTURE

DE J. BARROZZIO DE VIGNOLE,

ÉTABLIES

SUR UNE DIVISION DU MODULE EN HARMONIE AVEC LE SYSTÈME ACTUEL DE MESURE;

SUIVI

DU TRACÉ DES MOULURES,

ET DE LA MANIÈRE DE METTRE TRÈS-PROMPTEMENT UN ORDRE EN PROPORTION,

DANS UN ESPACE DONNÉ QUELCONQUE,

SANS LE SECOURS DU MODULE, A L'AIDE DES DIVISIONS MÊMES DU MÈTRE.

Ouvrage terminé, composé de 34 Planches gravées sur acier, par GUIGUET, et de 2 feuilles et demie de texte, grand in-8°.

PRIX : Broché. . . . . 8 fr.

Cartonné. . . . . 9 fr.

DE L'IMPRIMERIE DE CRAPELET, RUE DE VAUGIRARD, 9

PONT PAR PALLADIO

ANDRÉ PALLADIO

ÉLÉVATION D'UN TEMPLE PAR SERLIO

SÉBASTIEN SERLIO.

PLAN DU TEMPLE DE S. SERLIO

LES CINQ ORDRES SUIVANT ANDRÉ PALLADIO

| TOSCAN. | DORIQUE. | IONIQUE. | CORINTHIEN. | COMPOSITE. |

Fig. 1.

LES CINQ ORDRES SU

| TOSCAN. | DORIQUE. |

LES CINQ ORDRES SUIVANT VINCENT SCAMOZZI

| TOSCAN. | DORIQUE. | IONIQUE. | ROMAIN. | CORINTHIEN. |

Fig. 2.

LES CINQ ORDRES SUI

| TOSCAN. | DORIQUE. |

PALAIS DES TUILERIES PAR P. DE L'ORME

PHILIBERT DE L'ORME.

F. A. Benard, Architecte, inv. et del

..E DÉCIMALE

Frontispice.

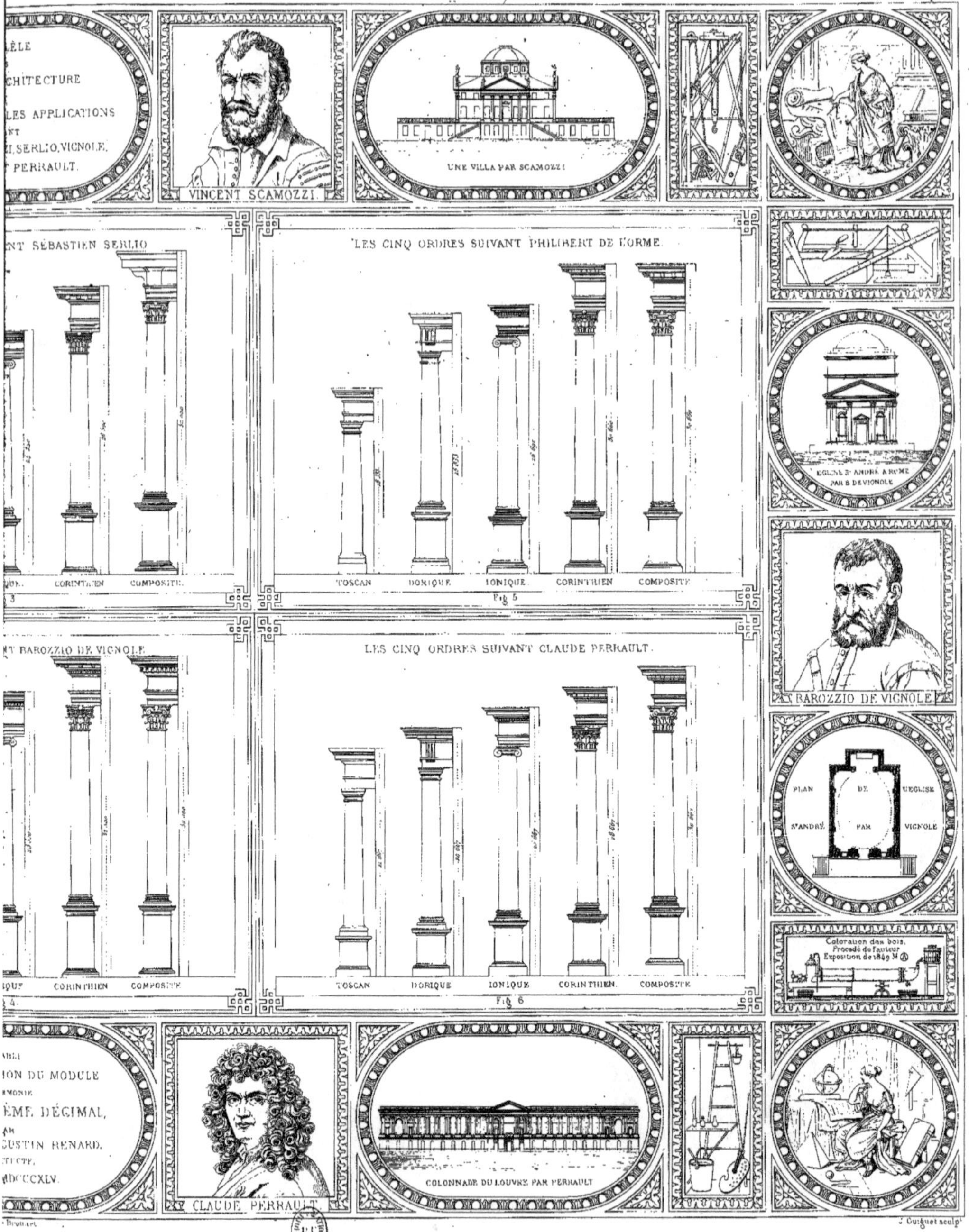

..LÈLE
..CHITECTURE
..LES APPLICATIONS
..NT
..I, SERLIO, VIGNOLE,
..T PERRAULT.
VINCENT SCAMOZZI.
UNE VILLA PAR SCAMOZZI
..NT SÉBASTIEN SERLIO
..QUE. CORINTHIEN COMPOSITE.
..3
LES CINQ ORDRES SUIVANT PHILIBERT DE L'ORME.
TOSCAN DORIQUE IONIQUE. CORINTHIEN COMPOSITE
Fig 5
EGLISE Sᵗ ANDRÉ A ROME PAR B. DE VIGNOLE
BAROZZIO DE VIGNOLE
..NT BAROZZIO DE VIGNOLE
..IQUE CORINTHIEN COMPOSITE
..4.
LES CINQ ORDRES SUIVANT CLAUDE PERRAULT.
TOSCAN DORIQUE IONIQUE CORINTHIEN. COMPOSITE
Fig 6
PLAN DE L'EGLISE Sᵗ ANDRÉ PAR VIGNOLE
Coloration des bois. Procédé de l'auteur Exposition de 1849
..ION DU MODULE
..MONIE
..ÈME DÉCIMAL,
..AR
..GUSTIN RENARD,
..TECTE,
..MDCCCXLV.
CLAUDE PERRAULT.
COLONNADE DU LOUVRE PAR PERRAULT

..Brouart J. Guiguet sculpᵗ

ORDRE TOSCAN

PARALLÈLE DE L'ORDRE TOSCAN SUIVANT LES AUTEURS

Tracé géométrique
des
différentes moulures
entrant dans la composition
des Cinq Ordres

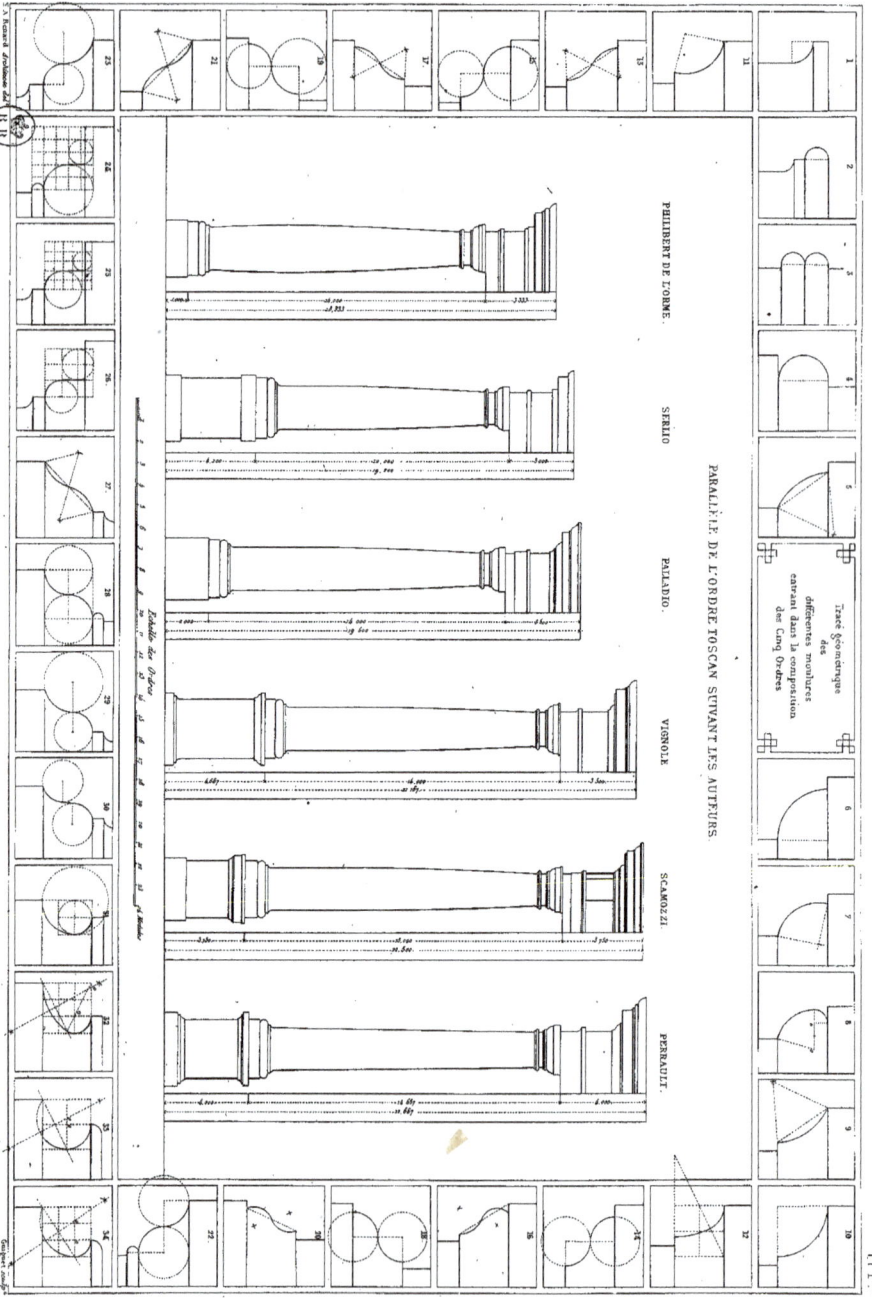

PHILIBERT DE L'ORME.

SERLIO.

PALLADIO.

VIGNOLE.

SCAMOZZI.

PERRAULT.

Échelle des Ordres.

ORDRE TOSCAN.

PARALLÈLE DE L'ORDRE TOSCAN SUIVANT LES AUTEURS.

SUIVANT :		HAUTEURS GÉNÉRALES DE L'ORDRE TOSCAN.			GROSSEUR DU FUT DE LA COLONNE TOSCANE.		
		HAUTEUR DES PRINCIPAUX MEMBRES.		HAUTEUR TOTALE DE L'ORDRE.	GROSSEUR A LA BASE DU FUT.	GROSSEUR AU PREMIER TIERS.	GROSSEUR AU SOMMET.
		Mod.		Mod.	Mod.	Mod.	Mod.
PHILIBERT DE L'ORME. . . .	Entablement	3	333	18 333	2 000	2 182	1 600
	Colonne	14	000				
	Socle.	1	000				
SÉBASTIEN SERLIO	Entablement	3	000	19 200	2 000	2 000	1 500
	Colonne	12	000				
	Piédestal	4	200				
ANDRÉ PALLADIO	Entablement	3	500	19 500	2 000	2 000	1 500
	Colonne	14	000				
	Socle.	2	000				
BARROZZIO DE VIGNOLE . .	Entablement	3	500	22 167	2 000	2 000	1 584
	Colonne	14	000				
	Piédestal	4	667				
VINCENT SCAMOZZI.	Entablement	3	750	22 500	2 000	2 000	1 500
	Colonne	15	000				
	Piédestal	3	750				
CLAUDE PERRAULT. . . .	Entablement	4	000	22 667	2 000	(¹) 1 889	1 666
	Colonne	14	667				
	Piédestal	4	000				

(¹) Perrault diminue la colonne à partir de sa base immédiatement, contrairement aux autres auteurs, qui effectuent cette diminution à partir du premier tiers. La méthode de Perrault, plus conforme d'ailleurs aux exemples de l'antiquité, prévaut généralement aujourd'hui. Philibert de l'Orme est le seul à son tour parmi ces auteurs qui renfle sa colonne toscane à la hauteur du premier tiers de son fût.

NOMS ET TRACÉS GÉOMÉTRIQUES
DES DIFFÉRENTES MOULURES ENTRANT DANS LA COMPOSITION DES CINQ ORDRES.

Fig. 1, Congé. — 2, Baguette. — 3, Double baguette. — 4, Tore. — 5, 6, 7, 8, Quarts de ronds et oves. — 9, 10, 11, 12, Cavets. — 13, 14, 15, 16, Talons droits. — 17, 18, 19, 20, Talons renversés. — 21, 22, 23, 24, 25, 26, Cimaises ou doucines droites. — 27, 28, 29, 30, Cimaises ou doucines renversées. — 31, 32, 33, 34, Scoties.

C'est à l'imitation de la plupart des auteurs qui ont écrit sur les ordres d'architecture que nous donnons dans le cadre de cette planche, la manière d'obtenir géométriquement les moulures qui entrent dans la composition de ces ordres; nous le faisons en recommandant toutefois au dessinateur de n'avoir que rarement recours à ces moyens graphiques et de s'exercer, au contraire, à tracer toutes ces moulures à la main; car, avec un peu d'exercice, il lui arrivera de rencontrer des contours plus gracieux souvent et plus en harmonie avec les parties auxquelles ils doivent se relier, que ceux qu'il aurait obtenus par l'application rigoureuse des procédés géométriques. Dans certaines circonstances, cependant, il peut sentir le besoin de recourir au compas, afin de donner à ses dessins plus de netteté et de précision; mais, dans ce cas encore, avant d'employer cet instrument, nous lui conseillons de tracer de sentiment toutes ses moulures à la main et de rechercher ensuite par le tâtonnement les points de centre des courbes qui doivent reproduire le plus fidèlement leurs contours au compas. La pratique de cette méthode l'amènera naturellement à reconnaître qu'un talon ou une doucine, par exemple, ne sont pas toujours le résultat de deux courbes ayant pour centre les sommets de deux triangles équilatéraux construits sur la ligne qui joint leurs points extrêmes, et que ces moulures aussi peuvent n'être pas toujours composées de deux portions du même cercle, ainsi que paraissent l'imposer, pour ainsi dire, les méthodes indiquées jusqu'alors; il verra, au contraire, qu'il ne faut pas toujours suivre à l'égard de ces moulures une marche régulière et absolue, et qu'on peut suivant les cas, comme l'indiquent d'ailleurs quelques-uns de nos tracés, en brusquer le contour ou l'adoucir par l'agrandissement ou le raccourcissement du rayon de l'une des courbes appelées à les former.

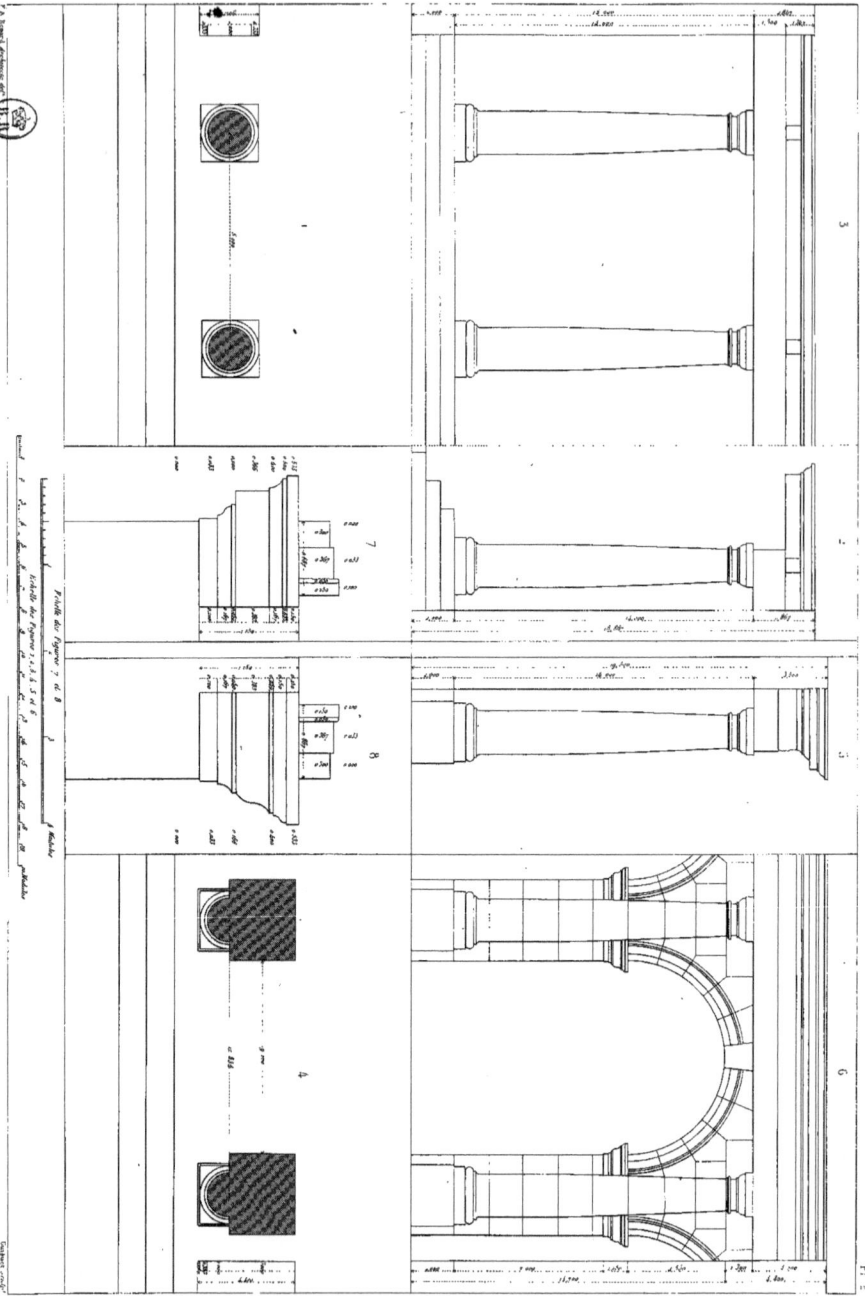

ORDRE TOSCAN

Ensembles et Details suivant ANDRE PALLADIO

Echelle des figures 7 et 8.

Echelle des figures 1, 2, 3, 4, 5 et 6.

Pl.

DESCRIPTION DE LA PLANCHE DEUXIÈME.

ORDRE TOSCAN.

ENSEMBLES ET DÉTAILS SUIVANT ANDRÉ PALLADIO.

Fig. 1, 2 et 3. Plan, élévation et profil de l'entre-colonnement appelé *aréostyle*. L'architrave est en bois, il n'y a pas de frise et des poutres forment le larmier de la corniche.

Fig. 4 et 6. Plan et élévation d'un portique toscan.

Fig. 5. Colonne toscane isolée sur son socle et surmontée d'un entablement donnant le profil exact de celui qui couronne le portique.

Fig. 7 et 8. Profils d'impostes et archivoltes pour les arcades toscanes. La figure 6 présente l'application de l'archivolte et de l'imposte dont la figure 8 donne les cotes et le détail.

(Voir la planche 4ᵉ pour les détails de cet ordre.)

REMARQUE IMPORTANTE.

Les saillies des membres ou moulures qui ornent les impostes sont calculées à partir du nu du pied-droit ou jambage de l'arcade, ainsi que l'indique le 0 placé en avant de ce corps. Fig. 7 et 8.

Dans toutes les autres figures de cet ouvrage où le 0 n'aura pas été placé de la manière indiquée ci-dessus, les cotes partiront toutes, sans exception, de l'axe de la colonne : ainsi sera pratiqué pour les piédestaux, les bases des colonnes, les chapiteaux et les entablements.

Cette manière de coter, que les architectes dont nous donnons les œuvres n'ont pas employée, l'est maintenant presque généralement ; elle est infiniment préférable, en effet, sous le rapport de la promptitude et de la précision qu'elle apporte dans les opérations du dessin. Au point de vue du calcul, cette méthode offre des avantages non moins importants ; car la simple soustraction à faire pour se rendre compte de la saillie d'un membre quelconque sur un autre, que ces deux membres se touchent ou soient séparés par beaucoup d'autres, est infiniment plus prompte que ces additions d'un nombre de cotes souvent très-multipliées que nécessite l'ancienne méthode pour arriver au même résultat.

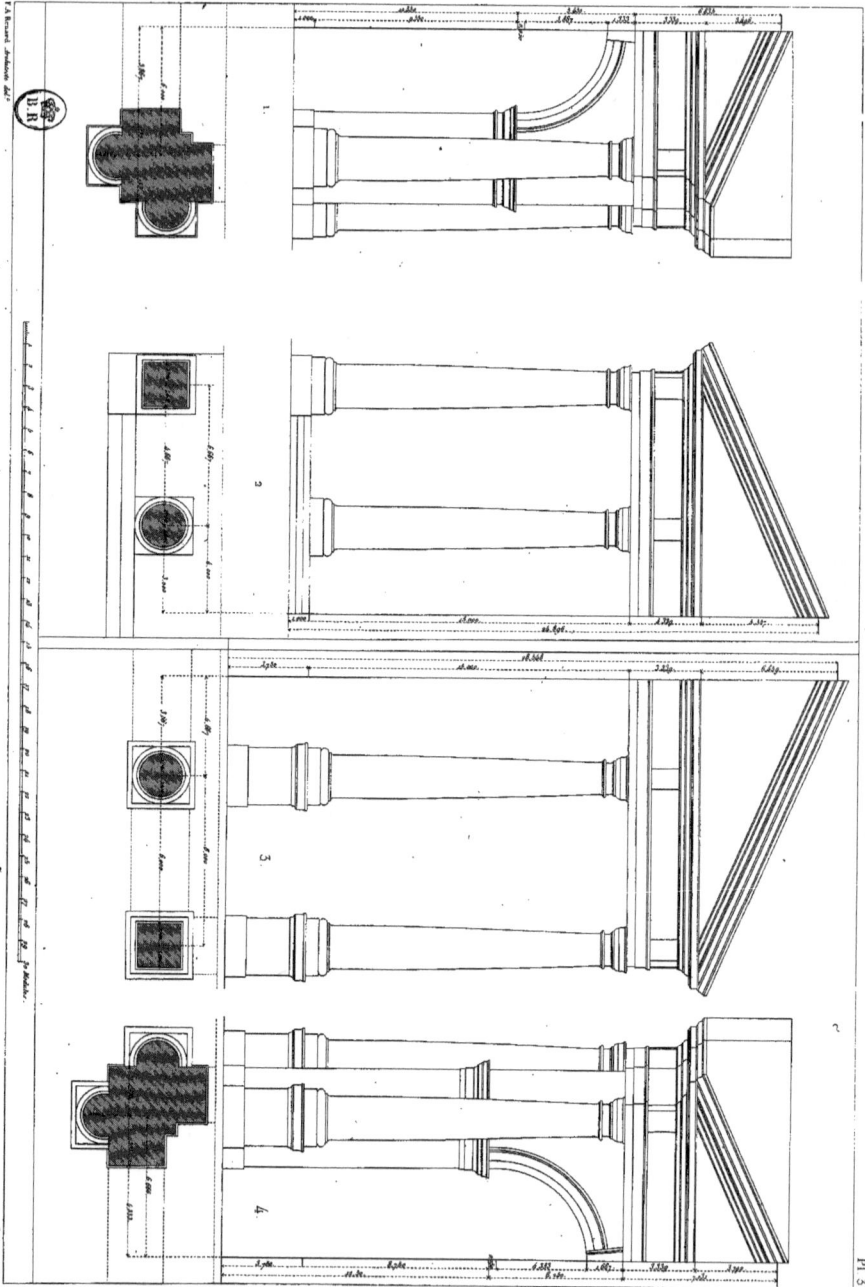

ORDRE TOSCAN.

Entrecolonnemens et Portiques suivant VINCENT SCAMOZZI

Pl. 3

DESCRIPTION DE LA PLANCHE TROISIÈME.

ORDRE TOSCAN.

ENTRECOLONNEMENTS ET PORTIQUES, SUIVANT VINCENT SCAMOZZI.

Fig. 1re. Plan et élévation du portique toscan sans piédestal.

Fig. 2. Plan et élévation de l'entrecolonnement toscan sans piédestal.

Fig. 3. Plan et élévation de l'entrecolonnement toscan avec piédestal.

Fig. 4. Plan et élévation du portique toscan avec piédestal.

(*Voir la Planche* 4e *pour les détails de cet ordre.*)

PROPORTIONS ET TRACÉ DES FRONTONS.

La hauteur des frontons, suivant Scamozzi, doit être égale aux deux neuvièmes de la longueur totale de la corniche, déduction faite des saillies de la cimaise aux deux extrémités. Ladite hauteur portée verticalement, à partir du dessous de cette cimaise, détermine également le dessous de cette même moulure dans la partie supérieure du fronton, ainsi que les cotes l'indiquent sur les figures de cette planche.

Cette proportion, proposée par Scamozzi pour les frontons, est appliquée par lui sans distinction à tous les autres ordres d'achitecture. Il fait remarquer dans son œuvre qu'elle offre une pente très-convenable pour l'écoulement des eaux, et qu'elle se rapproche plus que toute autre de celle qui a été appliquée au fronton du porche de la Rotonde; enfin, il ajoute que l'angle formé par les deux rampants d'un fronton établi de cette sorte est à peu de chose près égal à ceux d'un octogone régulier.

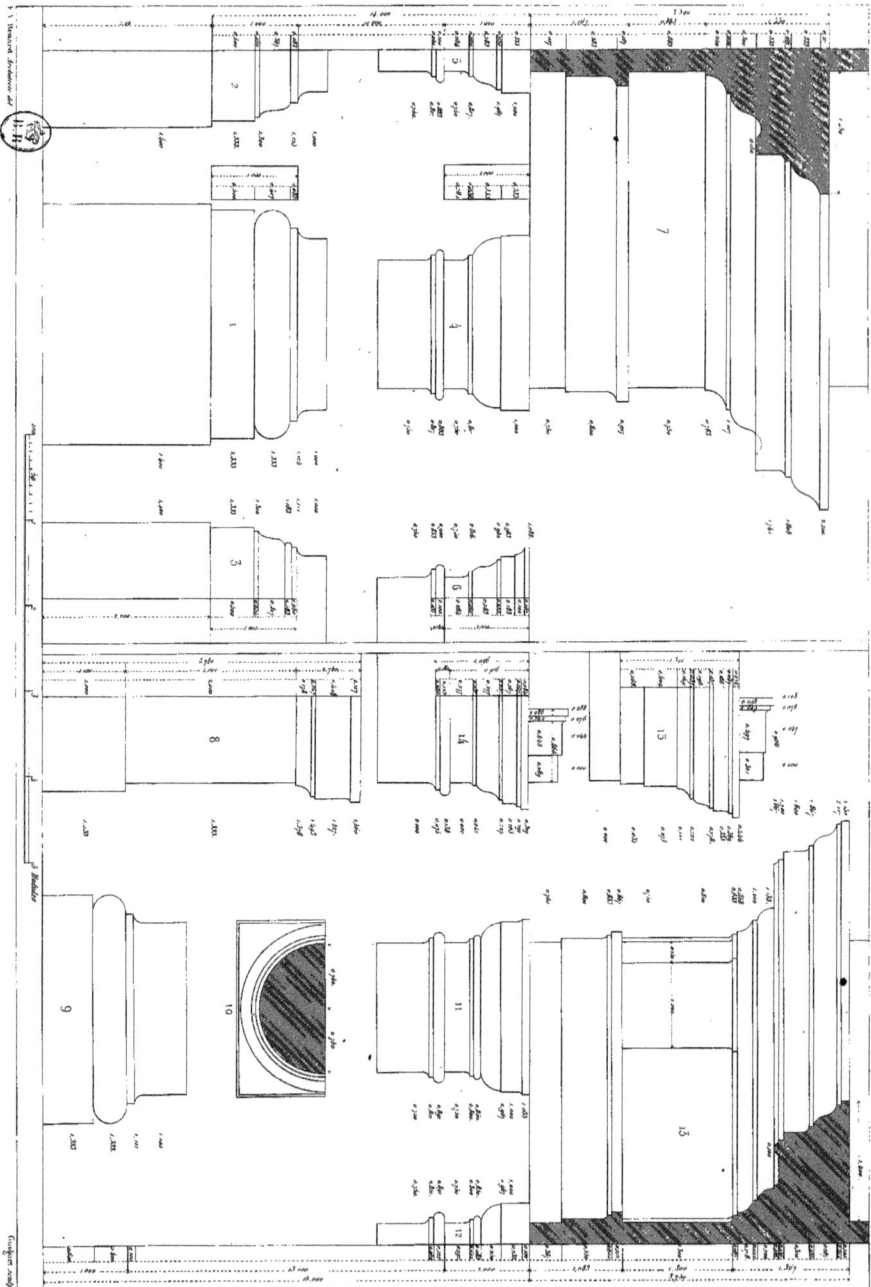

Pl. 4

Détails suivant ANDRÉ PALLADIO

Détails suivant VINCENT SCAMOZZI

DESCRIPTION DE LA PLANCHE QUATRIÈME.

ORDRE TOSCAN.

DÉTAILS SUIVANT ANDRÉ PALLADIO.

Fig. 1. Socle et base de la colonne toscane.
Fig. 2. Autre base toscane.
Fig. 3.　　*Id.*
Fig. 4. Chapiteau toscan.
Fig. 5. Autre chapiteau toscan.
Fig. 6.　　*Id.*
Fig. 7. Entablement toscan.

DÉTAILS SUIVANT VINCENT SCAMOZZI.

Fig. 8. Piédestal de la colonne toscane.
Fig. 9. Base de la colonne toscane.
Fig. 10 et 11. Plan et élévation du chapiteau.
Fig. 12. Variante du chapiteau toscan.
Fig. 13. Entablement toscan.
Fig. 14. Petite imposte avec son archivolte.
Fig. 15. Grande imposte avec son archivolte.

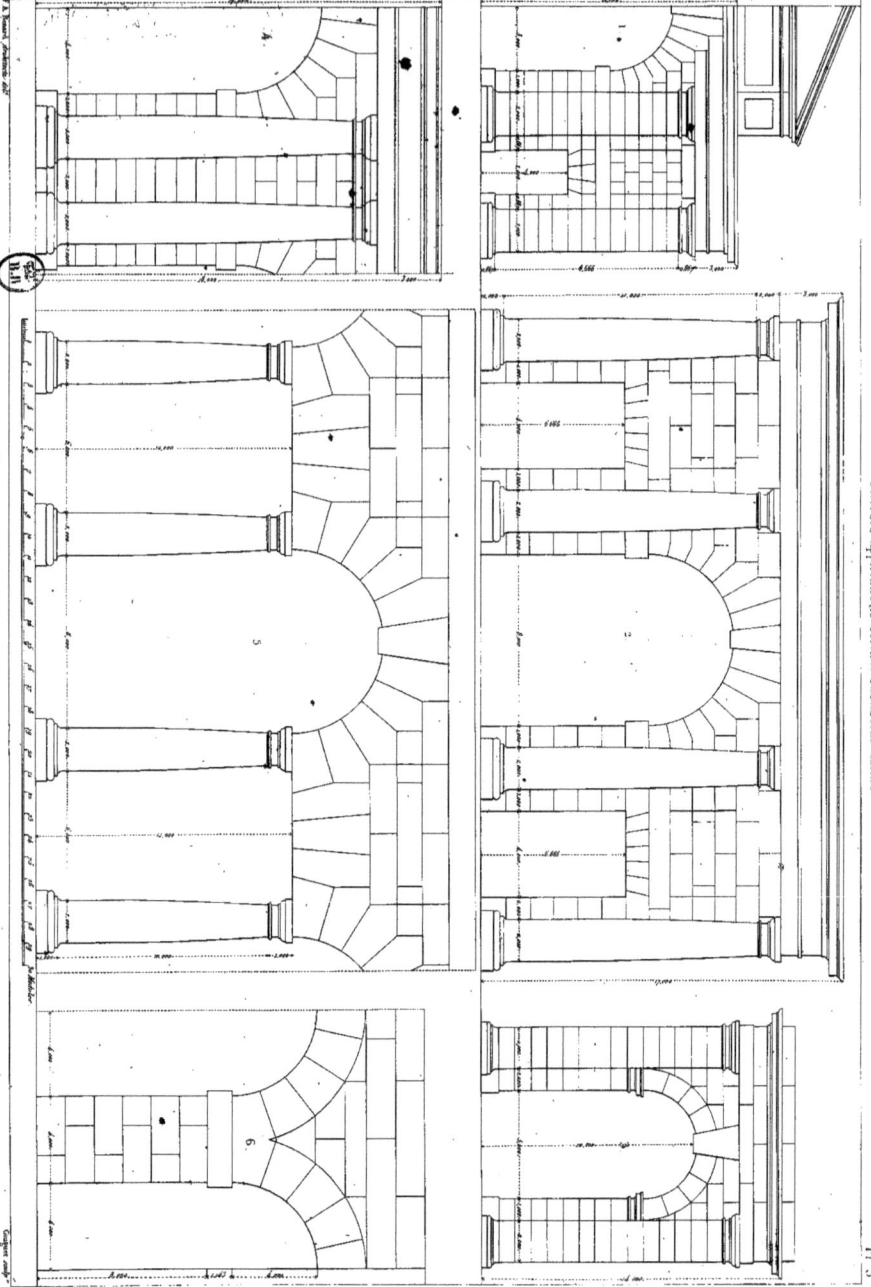

DESCRIPTION DE LA PLANCHE CINQUIÈME.

ORDRE TOSCAN.

DIVERSES APPLICATIONS SUIVANT SÉBASTIEN SERLIO.

Fig. 1 et 2. Dispositions toscanes appliquées à deux portes d'une ville fortifiée.

Fig. 3. Porte simple décorée de deux pilastres.

Fig. 4. Suite d'arcades séparées par des massifs ornés de colonnes toscanes engagées. Les massifs ont une largeur égale à celle des arcades.

Fig. 5. Disposition d'une galerie présentant alternativement des baies droites et cintrées, séparées les unes des autres par des colonnes isolées. Les baies cintrées ont huit modules de largeur sur seize de hauteur ; les autres n'ont que six modules sur douze.

On remarquera que ces deux sortes d'ouvertures, bien qu'offrant des dimensions différentes, sont disposées suivant une même proportion : c'est-à-dire qu'elles ont respectivement pour hauteur une quantité double de celle que présente leur largeur.

Fig. 6. Disposition d'une suite d'arcades en plein cintre ; ces arcades ont en largeur une dimension double de celle des piles qui les séparent. Serlio propose l'application de cette disposition aux galeries d'abord ; puis, en considération de la grande solidité qui doit résulter de son ensemble, il la désigne comme pouvant convenir également aux ponts sur rivières et torrents, ainsi qu'aux aqueducs destinés à conduire les eaux d'une montagne à une autre.

OBSERVATION.

Ces applications de Serlio présentent ceci de particulier : c'est que, dans presque toutes, son ordre toscan ne conserve que les proportions qu'il lui a d'abord assignées et que nous avons fidèlement rendues dans la première planche de cet ouvrage. Là, en effet, la colonne toscane est fixée en totalité, c'est-à-dire, y compris sa base et son chapiteau, à douze modules de hauteur, et l'entablement à trois modules ; ici, au contraire, les hauteurs des colonnes et des pilastres varient depuis dix jusqu'à seize modules, et les entablements des première et troisième applications descendent à deux modules.

Ces différences proviennent, au sujet de la colonne, de ce que Serlio considère son emploi sous différents aspects : 1° si cette colonne est isolée, et est appelée, dans cette position, à supporter des constructions supérieures, comme à la disposition que présente la fig. 5 ; cette colonne devant être pourvue d'une grande force, il faut lui conserver la mâle proportion de douze modules. 2° Si, au contraire, elle doit être engagée dans le massif d'une construction, comme cela est représenté par la fig. 2 ; n'étant plus là que faiblement solidaire de la force de résistance qu'il convient d'atteindre ; ou, pour mieux dire, cette colonne ne figurant plus, à peu près, sur ladite construction, que comme objet de décoration, on peut alors la rendre plus légère et l'élever à quatorze modules de hauteur. 3° Si enfin cette colonne, faisant de même partie d'un massif, est en outre accouplée à une autre colonne, comme à la disposition offerte par la fig. 4, les conditions de stabilité ressortant, on pourrait presque dire surabondamment, d'un tel ensemble, il est permis, dans ce dernier cas, de sacrifier un peu plus encore à l'élégance et à la légèreté, et ladite colonne peut dès lors être portée jusqu'à seize modules de hauteur. Cette manière d'envisager ce membre caractéristique de l'Architecture est justifiée d'ailleurs, ajoute Serlio, par divers exemples que nous offrent les monuments antiques.

Serlio ne dit rien des motifs qui l'ont guidé dans les proportions qu'il donne aux dispositions représentées par les figures 1 et 3 de cette planche, où l'on voit des bases et des chapiteaux réduits à la hauteur de $0^{mod},67$, et où les entablements, comme nous l'avons déjà fait remarquer, n'ont que deux modules.

Quant à nous, notre but étant simplement de donner dans ce recueil, avec toute l'exactitude possible, les principes figurés des six auteurs dont nous avons fait choix, nous nous abstenons à leur égard de toute réflexion critique. Des appréciations de cette nature trouveront plus naturellement leur place dans notre Traité des Ordres, quand nous voudrons y justifier la théorie qui nous est propre, par des exemples empruntés, tant aux œuvres de ces célèbres architectes, qu'aux bonnes applications qui ont été faites ailleurs, aussi bien dans ces derniers temps que dans ceux les plus reculés de l'antiquité.

ORDRE TOSCAN

Entrecolonnement et Portiques suivant BARUZZIO DE VIGNOLE

Pl. 6

DESCRIPTION DE LA PLANCHE SIXIÈME.

ORDRE TOSCAN.

ENTRE-COLONNEMENT ET PORTIQUES, SUIVANT BAROZZIO DE VIGNOLE.

Fig. 1. Plan et élévation de l'entre-colonnement toscan.

Fig. 2. Plan et élévation du portique toscan sans piédestal.

Fig. 3. Plan et élévation du portique toscan avec piédestal.

Voir la Planche suivante pour les détails de cet ordre.

---

www.ingramcontent.com/pod-product-compliance
Lightning Source LLC
Chambersburg PA
CBHW072036090426
42733CB00032B/1797

sion fictive de la hauteur de l'entablement, celle réelle de 1 mètre 80 centimètres; total, 11 mètres 40 centimètres, qui est la véritable hauteur donnée.

RÉSUMÉ DE CETTE OPÉRATION.

		Valeur fictive ou proportionnelle. Mèt.	Longueur du module. Mèt.	Valeur réelle en métrique. Mèt.
Ordre ionique de Vignole.	Piédestal, hauteur	6 00	×0 40=	2 40
	Colonne, id.	18 00	×0 40=	7 20
	Entablement, id.	4 50	×0 40=	1 80
	TOTAL.	28 50	×0 40=TOTAL.	11 40

Fig. 2. Nous donnons ici des méthodes fondées également sur les propriétés des lignes proportionnelles pour la division des triglyphes et des denticules : ces méthodes dispensent aussi d'avoir recours au compas ; en cela, elles abrégent singulièrement le travail du dessin, puisqu'alors on évite les tâtonnements auxquels cet instrument donne toujours lieu.

Pour opérer la division du triglyphe A, la masse ayant d'avance été déterminée par les deux lignes CD, EF, nous plaçons le 0 de la règle métrique au point G, et nous inclinons cette règle jusqu'à ce qu'un nombre de divisions multiple de douze, 24 millimètres, par exemple, vienne en H toucher exactement le côté EF du triglyphe ; nous menons la ligne GH, puis nous marquons sur cette ligne le nombre de divisions voulu, et par les points de ces divisions nous élevons enfin les lignes verticales qui doivent former les glyphes ou rainures qui constituent le genre d'ornement dont il s'agit.

Cette sorte de division peut encore s'effectuer de la manière figurée sur le triglyphe B : à partir du point I dans la direction de K, nous appliquons la règle métrique, et nous marquons douze divisions égales; par les points de ces divisions, nous menons autant de lignes horizontales, en négligeant toutefois celles qui doivent répondre à l'entre-deux des glyphes ; nous tirons ensuite la ligne KL, et, par tous les points de rencontre de cette ligne avec les lignes horizontales, nous élevons verticalement celles qui doivent former les divisions du triglyphe.

C'est avec cette même méthode que nous parvenons à tracer avec beaucoup de célérité et de précision les denticules dont sont presque toujours ornés les entablements des ordres Dorique, Ionique, Corinthien et composite. Dans l'exemple que nous présentons, nous avons tout d'abord remarqué que de la ligne qui forme l'axe de la colonne à celle qui passe par le milieu de la métope, c'est-à-dire de M en N, il existe quinze divisions égales, en comptant bien entendu chaque denticule pour deux de ces divisions. Ce fait étant bien constaté, nous portons en marge du dessin de O en P quinze divisions égales quelconques, puis, par tous les points de ces divisions, nous menons autant de lignes horizontales, en négligeant cependant celles qui représentent le milieu de chaque denticule; nous traçons ensuite les lignes PQ, RS, puis OT et UV parallèles à PQ et RS, et nous abaissons des points formés par l'intersection de toutes ces lignes avec les lignes horizontales, autant de lignes verticales au moyen desquelles nous obtenons, comme on le voit sur le dessin, la division bien exacte des denticules qu'il s'agissait de tracer.

Fig. 3. Lorsqu'à l'emploi des moyens que nous venons de décrire on préférera celui du module, nous donnons le conseil de faire la division de celui-ci, non pas sous la forme de l'échelle des parties égales, mais sous celle de l'échelle des dixmes. La première de ces échelles est celle que l'on voit au bas de toutes les planches de cet ouvrage, l'autre est celle que nous donnons à la fin de cette dernière planche.

Cette échelle est généralement employée, par les géomètres, de préférence à celle des parties égales, depuis que le système métrique est en vigueur ; elle est donc bien connue, aussi serions-nous dispensé d'en donner ici la description, si son application ne devenait pas un fait tout nouveau pour le genre de tracé dont nous nous occupons. Elle a pour base le même principe que celui qui préside aux méthodes graphiques dont nous venons de donner ci-dessus divers exemples, c'est-à-dire qu'elle est fondée également sur les propriétés des lignes proportionnelles ; enfin elle a la propriété particulière de donner à la fois très-exactement les parties décimales et centésimales de l'unité ; c'est en cela positivement qu'elle devient précieuse pour le cas dont il s'agit. Voici comment on l'établit.

On trace la ligne indéfinie AB, on porte sur cette ligne, en partant du point A, autant de divisions égales au module qu'on peut ou qu'on désire en placer; on subdivise ensuite AC, c'est-à-dire un des modules en 10 parties égales, lesquelles représenteront chacune dix parties du module, et que pour cette raison on cotera de cette manière en commençant par C, 0, 10, 20, 30, 40, 50, 60, 70, 80, 90, 100. Jusqu'alors nous n'avons encore fait que construire l'échelle des parties égales ; pour obtenir maintenant sur cette échelle des quantités égales au centième du module, nous portons, sur la verticale élevée de A en D, dix autres divisions égales quelconques, par lesquelles nous menons autant de lignes horizontales parallèles à AB; nous élevons ensuite verticalement toutes les lignes CE, FG, HI, KL, TM, BU, puis nous divisons DE, comme l'a été AC, en 10 parties égales; nous joignons ensuite le point 0 de la division CA avec le point 10 de la division ED, le point 10 de la division CA avec le point 20 de la division ED, ainsi de suite pour toutes les autres divisions jusqu'à la limite fixée par la perpendiculaire AD; nous cotons enfin CN de cette manière 0, 1, 2, 3, 4, 5, 6, 7, 8, 9, 10. Ce sont ces chiffres qui deviendront alors l'expression des centièmes du module; ainsi de la division marquée 1 jusqu'à la verticale CE, nous aurons un centième du module; de la division 2 à cette même ligne, nous aurons deux centièmes du module, ainsi de suite jusqu'à la division 10, dont la distance, jusqu'au point E de la même verticale, sera de dix centièmes de ce même module.

Maintenant supposons qu'il s'agisse de prendre avec le compas une longueur qui soit égale à 1 module 9 centièmes : nous mettons une des pointes du compas au point O et l'autre au point 9 de la ligne CN, nous avons alors la longueur voulue. Supposons encore qu'il s'agisse d'obtenir sur l'échelle 2 modules 25 centièmes, nous posons la première pointe du compas au point P et l'autre au point Q, lequel répond tout à la fois à la division 20 des cotes décimales, et à la division 5 des cotes centésimales.

Avec un peu d'attention et d'habitude, il est encore possible, avec une échelle construite de la sorte, de saisir très-approximativement, en cas de besoin, les millièmes parties du module, en subdivisant à l'œil les espaces compris entre les divisions de la ligne CN; ainsi supposons qu'il s'agisse d'obtenir avec le compas une longueur égale à 1 module 225 millièmes, nous plaçons une des pointes du compas au point R et l'autre au point S, et nous possédons alors la quantité voulue.

FIN.

DESCRIPTION DE LA PLANCHE QUARANTE-DEUXIÈME

ET DERNIÈRE.

TRACÉ DES ORDRES D'ARCHITECTURE SUIVANT LA MÉTHODE DÉCIMALE DE L'AUTEUR.

Fig. 1. Supposons que dans la hauteur D B, déterminée par les deux lignes horizontales A B, C D, il s'agisse de dessiner l'ordre toscan selon Vignole. Ayant sous les yeux les planches 1ʳᵉ et 7ᵉ de ce Parallèle, sur lesquelles les proportions de l'ensemble et des parties dudit ordre sont exactement cotées, nous remarquons d'abord que la hauteur totale de cet ordre est de 22 modules 17 centièmes ; nous prenons alors une règle de 30 centimètres de long, par exemple, divisée en centimètres, millimètres et demi-millimètres, nous plaçons le 0 de sa division en un point quelconque E de la ligne C D, puis nous inclinons cette règle jusqu'à ce que le point de division indiquant 22 centimètres 17 dix-millièmes vienne toucher exactement la ligne supérieure horizontale au point F ; nous menons ensuite la ligne E F.

Sur cette dernière ligne nous marquons avec un crayon taillé très-fin toutes les divisions et subdivisions de l'ordre ; nous commençons d'abord par les trois principales divisions qui sont le piédestal, la colonne et l'entablement ; ainsi, à partir du point E, nous comptons 4 centimètres 67 dix-millièmes et nous marquons le point G, lequel exprimera la hauteur du piédestal qui, selon Vignole, est égale à 4 modules 67 centièmes. De ce dernier point, après y avoir rapporté le 0 de la division métrique, nous comptons 14 centimètres, lesquels représenteront au point H la hauteur totale de la colonne, que Vignole a fixée à 14 modules. Enfin, de ce dernier point H au point F, nous voyons qu'il nous reste 3 centimètres 50 dix-millièmes ; cette quantité sera l'expression de la hauteur totale de l'entablement égal à 3 modules 50 centièmes.

Nous opérons de la même manière pour toutes les autres divisions et subdivisions de l'ordre, ce qui nous donne sur la ligne EF plusieurs autres points dont la quantité est déterminée naturellement par le nombre des cotes inscrites sur la planche 7.

Maintenant si, par tous les points marqués sur la ligne EF, nous menons des lignes horizontales parallèles aux deux lignes A B et CD, nous nous trouvons avoir divisé l'intervalle compris entre ces deux dernières, en parties mathématiquement proportionnelles à toutes les distances marquées sur la ligne E F, et de la sorte nous avons créé exactement toutes les proportions en hauteur des différents membres ou moulures de l'ordre qu'il s'agissait d'établir dans la hauteur donnée B D.

Cette première opération faite, il ne nous reste plus, pour achever complétement notre tracé, qu'à déterminer les saillies des membres et moulures dont nous venons de parler. Voici comment ces saillies s'obtiennent :

D'un point quelconque pris sur la ligne EF, nous élevons à cette ligne une perpendiculaire l K, coupant l'axe de la colonne au point L, puis à droite et à gauche de ce dernier point, après avoir appliqué la règle divisée suivant IK, nous marquons au crayon les saillies indiquées sur la planche 7 et nous les élevons ou abaissons ensuite verticalement jusqu'aux lignes horizontales, où elles doivent respectivement venir s'appliquer.

C'est ainsi que, pour déterminer la saillie du quart de rond de l'entablement que nous voyons sur la planche 7 être égale à 2 modules 29 centièmes, nous marquons le point M, distant de L de 2 centimètres 29 dix-millièmes, et que nous l'élevons ensuite verticalement sur la ligne A B, où ladite saillie doit enfin venir se fixer de position.

Dans l'exemple que nous venons de citer, l'unité génératrice du module a été représentée par un centimètre ; mais on sentira facilement qu'elle peut l'être tout aussi bien par 2, 4, 5 ou 10 centi-

mètres, suivant que l'espace en hauteur dans lequel il s'agira de dessiner un ordre entier, ou seulement une partie de cet ordre, sera plus ou moins étendu. On pourra même, dans le cas de l'exécution en grand d'un ordre ou de la partie d'un ordre, représenter cette unité par le mètre lui-même. Ainsi, supposons qu'il s'agisse de faire de cette manière, dans la hauteur de 70 centimètres, par exemple, le tracé du chapiteau dorique suivant Palladio ; on voit, planche 12 de ce Parallèle, que la hauteur de ce chapiteau est égale à un module ; ayant alors un mètre bien divisé, on inclinera cette mesure jusqu'à ce que ses deux points extrêmes touchent exactement les deux lignes horizontales qui renferment la hauteur donnée ; puis, ayant mené une ligne suivant cette inclinaison, on établira sur elle, à l'aide des cotes du chapiteau qu'on veut exécuter, les hauteurs proportionnelles de chaque membre ou moulure qui le constituent, et au moyen des lignes horizontales tirées ensuite à chaque point de division, on établira le nouveau tracé que l'on désire tout aussi exactement et avec plus de facilité encore que nous venons d'obtenir ci-dessus celui de l'ordre toscan tout entier.

Nous avons appelé *unité génératrice du module* la fraction du mètre à laquelle, suivant le besoin, on devait avoir recours pour établir, d'après notre méthode, une partie ou la totalité d'un ordre d'architecture quelconque ; par analogie, nous appelons la ligne EF, *ligne génératrice des hauteurs*, et la ligne IK, *ligne génératrice des saillies*. Ces deux lignes, comme on l'a vu ci-dessus et comme le représente la figure, doivent toujours être perpendiculaires l'une à l'autre.

Les applications qui précèdent ont pour but de mettre en évidence une partie des avantages que la division décimale du module doit procurer sous le rapport graphique ; mais le nombre de ces avantages ne sera pas moins grand quand il s'agira de substituer numériquement à la valeur *fictive* ou *proportionnelle* des différents membres qui constituent un ordre d'architecture quelconque, une valeur *réelle* exprimée par le mètre lui-même et ses subdivisions.

Supposons donc maintenant qu'il s'agisse de construire en réalité l'ordre ionique de Vignole dans la hauteur donnée de 11 mètres 40 centimètres, par exemple, et qu'il nous faille avant tout coter exactement au mètre le tracé ou croquis de cet ordre, qui doit servir à l'ouvrier chargé de son exécution. Nous cherchons, dans ce cas, tout d'abord quelle doit être la longueur réelle du module ; nous l'obtenons évidemment en divisant notre hauteur d'exécution, c'est-à-dire 11 mètres 40 centimètres, par le nombre 28,50, qui exprime en modules la hauteur totale proportionnelle de cet ordre, nous trouvons, en conséquence, que la longueur demandée est égale à 0 mètre 40 centimètres ; maintenant, multipliant par ce dernier nombre chacune des cotes exprimant sur les planches 17 et 22 les mesures proportionnelles de toutes les hauteurs et saillies de l'ordre ionique dont il s'agit, nous obtenons autant de nouvelles quantités qui seront les véritables mesures métriques dont sera coté le croquis devant servir à l'ouvrier pour l'exécution dudit ordre. C'est ainsi que, à la valeur fictive de 6 modules, qui est la hauteur du piédestal de l'ordre, nous serons amenés, après la multiplication de cette quantité par le nombre trouvé 0 mètre 40 centimètres, à y substituer la valeur réelle de 2 mètres 40 centimètres ; à celle de 18 modules, qui est la hauteur proportionnelle de la colonne, celle réelle de 7 mètres 20 centimètres ; enfin à celle de 4 modules 50 centièmes, qui est l'expres-

TRACÉ DES ORDRES D'ARCHITECTURE suivant LA MÉTHODE DÉCIMALE DE L'AUTEUR

DESCRIPTION DE LA PLANCHE QUARANTE ET UNIÈME.

TRACÉ DU GALBE DES FUTS DE COLONNE.

MÉTHODE D'ANDRÉ PALLADIO.

De toutes les méthodes qui ont été imaginées pour diminuer le fût des colonnes, celle que pratiqnait Palladio, rarement enseignée, est néanmoins la plus facile, et celle qui réussit le mieux dans la pratique. Il n'est même pas besoin d'avoir recours à une figure pour la faire comprendre du lecteur. Voici en quoi consiste cet ingénieux moyen : après avoir élevé parfaitement d'aplomb le premier tiers du fût, et avoir marqué au sommet de celui-ci, sous l'astragale, la quantité dont il doit diminuer, on prend une règle flexible aussi longue que toute la colonne, et on commence par l'appliquer le long du tiers inférieur du fût. Cela fait, on appuie sur la partie supérieure de ladite règle jusqu'à ce qu'elle vienne toucher le point extrême de la diminution, puis on tire une ligne suivant la concavité de cette règle. De là résulte un contour légèrement renflé vers le milieu, et qui ensuite diminue avec beaucoup de grâce en arrivant vers le sommet de la colonne.

MÉTHODES DE BAROZZIO DE VIGNOLE.

Fig. 1, 2 et 3. Voici comment Vignole s'explique lui-même au sujet du tracé des fûts de colonnes : « La diminution des colonnes se fait de diverses manières ; je vais décrire les deux qui passent pour les meilleures. La première et la plus employée est celle-ci : après avoir déterminé la hauteur et la grosseur de la colonne, ainsi que la quantité dont on veut qu'elle diminue depuis le tiers inférieur jusqu'en haut (fig. 1), on décrit un demi-cercle sur le diamètre de la colonne à l'endroit où elle commence à diminuer, et on divise en tel nombre de parties qu'on veut la portion de ce demi-cercle comprise entre l'extrémité du diamètre et la perpendiculaire 6, 6, abaissée de la partie supérieure du fût sur ce diamètre ; ensuite on divise les deux moitiés supérieures du fût de la colonne en autant de parties égales que l'on a divisé cette portion du demi-cercle, et les intersections des lignes perpendiculaires avec les transversales déterminent autant de points par lesquels la courbure que l'on cherche doit passer, ainsi que le fait voir la figure. Ce galbe de colonne peut être approprié aux colonnes toscanes et doriques.

« J'ai trouvé moi-même l'autre manière (fig. 2), et bien qu'elle soit mains connue que la précédente, il est pourtant facile de la comprendre par le tracé que j'en donne. Je dirai seulement qu'ayant déterminé toutes les parties, comme je l'ai dit ci-dessus, on doit tirer une ligne indéfinie au tiers inférieur du fût, laquelle commencera au point C et passera par le point D, puis, reportant la mesure C, D, du point A au point B, où elle vient rencontrer l'axe de la colonne ; en prolonge cette ligne A, B, jusqu'à sa rencontre avec la ligne horizontale, on obtient le point E, duquel on peut tirer autant de lignes que l'on veut, qui couperont l'axe de la colonne en autant de points différents ; puis, au delà de l'axe, vers la circonférence, sur toutes ligmes prolongées, portez la distance C, D, tant au-dessus qu'au-dessous du tiers de la colonne, et vous aurez des points qui, réunis par une courbe, détermineront le galbe cherché. Cette méthode peut convenir à la diminution des colonnes ionique, corinthienne et composite.

« Pour décrire le galbe des coloumes torses, comme celles qui sont dans l'église de Saint-Pierre, à Rome, il faut faire le plan comme le présente la figure 3 ; le petit cercle du milieu désigne de combien on veut que la colonne soit torse. Divisez ce petit cercle en huit parties égales, et, de chaque point de division, élevez des lignes parallèles à l'axe de la colonne ; partageant ensuite la hauteur de la colonne en quarante-huit parties égales, vous formerez la spirale du milieu, qui devra servir de centre à la colonne ; à ce contre, vous rapporterez la grosseur correspondante de la colonne droite, fig. 2, ligne pour ligne, comme on le voit dans le dessin. Je dois seulement faire remarquer que les quatre points 1, 2, 3, 4, marqués sur le petit cercle, fig. 3, ne servent à décrire que la première moitié de la circonvolution en montant, parce que c'est du centre qu'il faut commencer la première montée ; il faut suivre dans tout le reste la circonférence du petit cercle, hormis toutefois à la dernière moitié de la circonvolution d'en haut, pour laquelle on devra de nouveau se servir des quatre autres points, comme on l'a fait pour la partie inférieure du fût. »

MÉTHODES DE VINCENT SCAMOZZI.

Fig. 4, 5 et 6. Scamozzi décrit ainsi ses moyens d'opérer la diminution des colonnes : « Pour la première manière, il faut, dit-il, sur une surface très-unie, fig. 4, tracer le fût de la colonne qu'on veut diminuer, en marquant d'abord l'axe ou centre qui passe par le milieu, et en divisant ensuite le fût en douze parties égales par des lignes transversales tirées carrément sur l'aplomb de l'axe. On observera, pour les colonnes toscanes, que les lignes tirées depuis la troisième division jusqu'en bas doivent être d'aplomb, en sorte que le quart inférieur du fût reste sans diminution. A l'ordre ionique, la diminution ne commencera qu'à la troisième division et demie ; le reste, jusqu'en bas, sera parallèle et d'aplomb. A l'égard des colonnes corinthiennes, la diminution ne commencera que depuis la quatrième division, ce qui fait que l'ordre dorique et dans le romain, cette partie de la colonne où la diminution doit commencer sera moyenne proportionnelle entre celle des autres ordres. Maintenant, au-dessus de chacune de ces parties conservées parfaitement d'aplomb, il faut tracer un demi-cercle, fig. 4, ayant son diamètre égal à la grosseur inférieure de la colonne, et ce sera enfin à partir de ce diamètre que le fût de la colonne sera soumis à une diminution.

« Pour opérer cette diminution, il faut marquer d'abord, sur le diamètre supérieur de la colonne, deux points déterminant de chaque côté de l'axe la quantité dont on veut diminuer cette colonne ; puis, de ces points, on abaisse deux perpendiculaires parallèles à l'axe. Ayant par une ligne réuni les deux points où ces perpendiculaires touchent le demi-cercle, on divisera en neuf parties le reste de ce demi-cercle jusque sur son diamètre, ainsi que le présente la figure, par autant de lignes tirées parallèlement à ce diamètre. Cela fait, on prendra les longueurs de toutes ces lignes à partir de l'axe de la colonne, pour les porter successivement à droite et à gauche, sur les neuf lignes correspondantes qui divisent la partie supérieure du fût ; ensuite, sur chaque point déterminé par cette opération, on fixera des clous, sur lesquels une règle flexible sera courbée ; menant enfin une ligne suivant la concavité de ladite règle, on aura de la sorte obtenu le galbe cherché. C'est ainsi que doit se faire la diminution des colonnes toscanes.

« Voici une seconde manière. Après avoir, comme ci-dessus, marqué à la partie supérieure du fût la quantité dont celui-ci doit diminuer, fig. 5, on rapporte cette diminution sur le demi-cercle tracé sur la quatrième division de la colonne ; et, à partir des points où les deux parallèles à l'axe touchent le demi-cercle, on divise de chaque côté la portion inférieure dudit cercle en quatre parties égales ; ces parties sont ensuite reportées, savoir : une en contre-bas du diamètre 6, deux en contre-bas du diamètre 8, trois sous le diamètre 10, et enfin quatre sous le diamètre supérieur marqué 12. Cela fait, on construit les quatre triangles qu'indique la figure, et sur les petits côtés de ces triangles, en partant de leurs sommets, on porte autant de fois qu'il y a de ces côtés, à droite et à gauche de l'axe, des longueurs égales au demi-diamètre du cercle, ou, si l'on veut mieux, égales au module. On obtient ainsi, de chaque côté de l'axe, quatre points, sur lesquels on applique, comme il a été dit ci-dessus, une règle flexible, dont le contour intérieur sert au tracé de la diminution du fût.

« De ces deux différentes manières, on peut tirer un moyen mécanique comme celui qu'indique la fig. 6 pour régler la taille d'une colonne en pierre ou en marbre. A cet effet, on prend une règle en bois bien sec, sur laquelle on a tracé exactement, par l'une des méthodes indiquées, le galbe de la colonne. Cette règle, montée sur deux morceaux de bois portant chacun une pointe, lesquelles correspondent par leur position à l'axe du fût, forme un calibre à l'aide duquel on est assuré de ne point perdre ou gâter, en la taillant, la matière dont la colonne est formée. »

Pl. 4.

TRACÉ DU GALBE DES FUTS DE COLONNE.

Méthodes de BAROZZIO DE VIGNOLE.

Méthodes de VINCENT SCAMOZZI.

TOSCAN

COLONNE TORSE.

CORINTHIEN

TOSCAN

IONIQUE.

CORINTHIEN

Fig. 1.

Fig. 2.

Fig. 3.

Fig. 4.

Fig. 5.

Fig. 6.

DESCRIPTION DE LA PLANCHE QUARANTIÈME.

COLONNES FRANÇAISES SUIVANT PHILIBERT DE L'ORME.

Fig. 1, 2, 3 et 4. Colonnes françaises d'ordre dorique.

Fig. 5. Colonne française d'ordre ionique.

Nota. Philibert de l'Orme fait remarquer, en donnant ces différents dessins, que cette manière d'orner le fût des colonnes, qu'il dit être de son invention, peut s'appliquer également aux trois autres ordres.

ORDRE DORIQUE.

COLONNES FRANÇAISES suivant PHILIBERT DE L'ORME

ORDRE IONIQUE.

ORDRE DORIQUE.

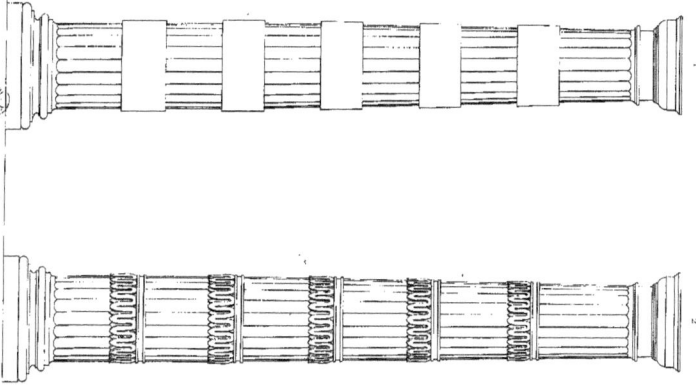

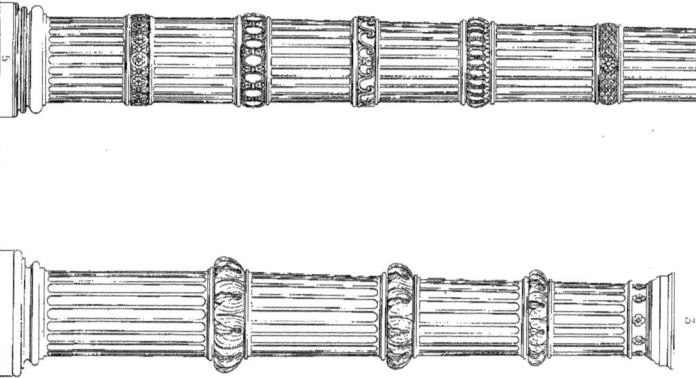

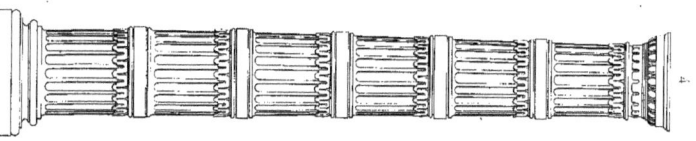

Pl. 40.

ORDRE COMPOSITE.

TRACÉ DU CHAPITEAU COMPOSITE SUIVANT BAROZZIO DE VIGNOLE.

Fig. 1. Plan du chapiteau.

Fig. 2. Élévation de ce même chapiteau vu sur l'angle.

ENTABLEMENT DE COURONNEMENT SUIVANT LE MÊME AUTEUR.

Fig. 3. Profil et élévation de l'entablement.

Fig. 4. Plan du plafond de ce même entablement.

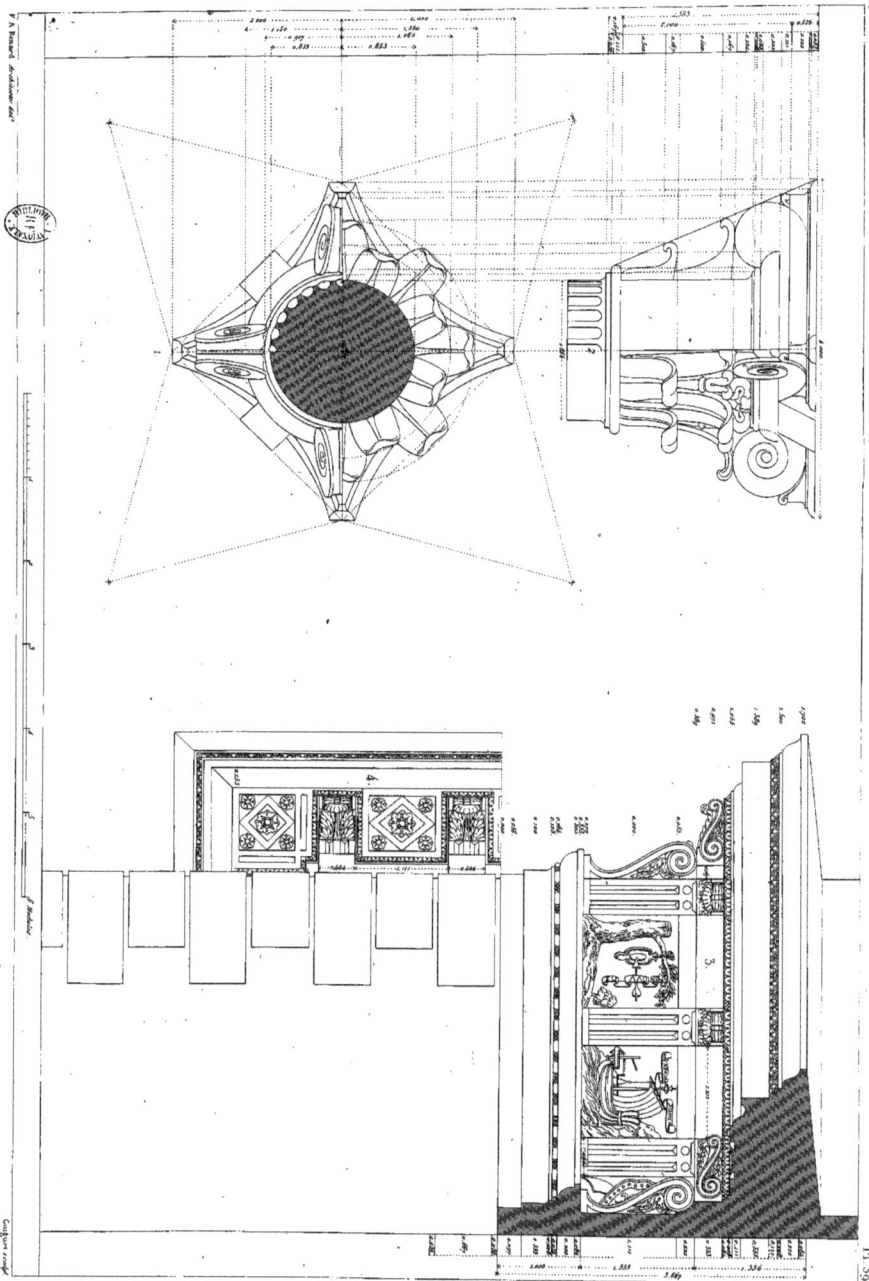

Tracé du Chapiteau Composite suivant BAROZZIO DE VIGNOLE.

Entablement de couronnement suivant BAROZZIO DE VIGNOLE.

F. A. Renard, architecte del.

Guyon sculp.

Pl. 59.

ORDRE COMPOSITE.

Détails suivant PHILIBERT DE L'ORME.

Détails suivant CLAUDE PERRAULT.

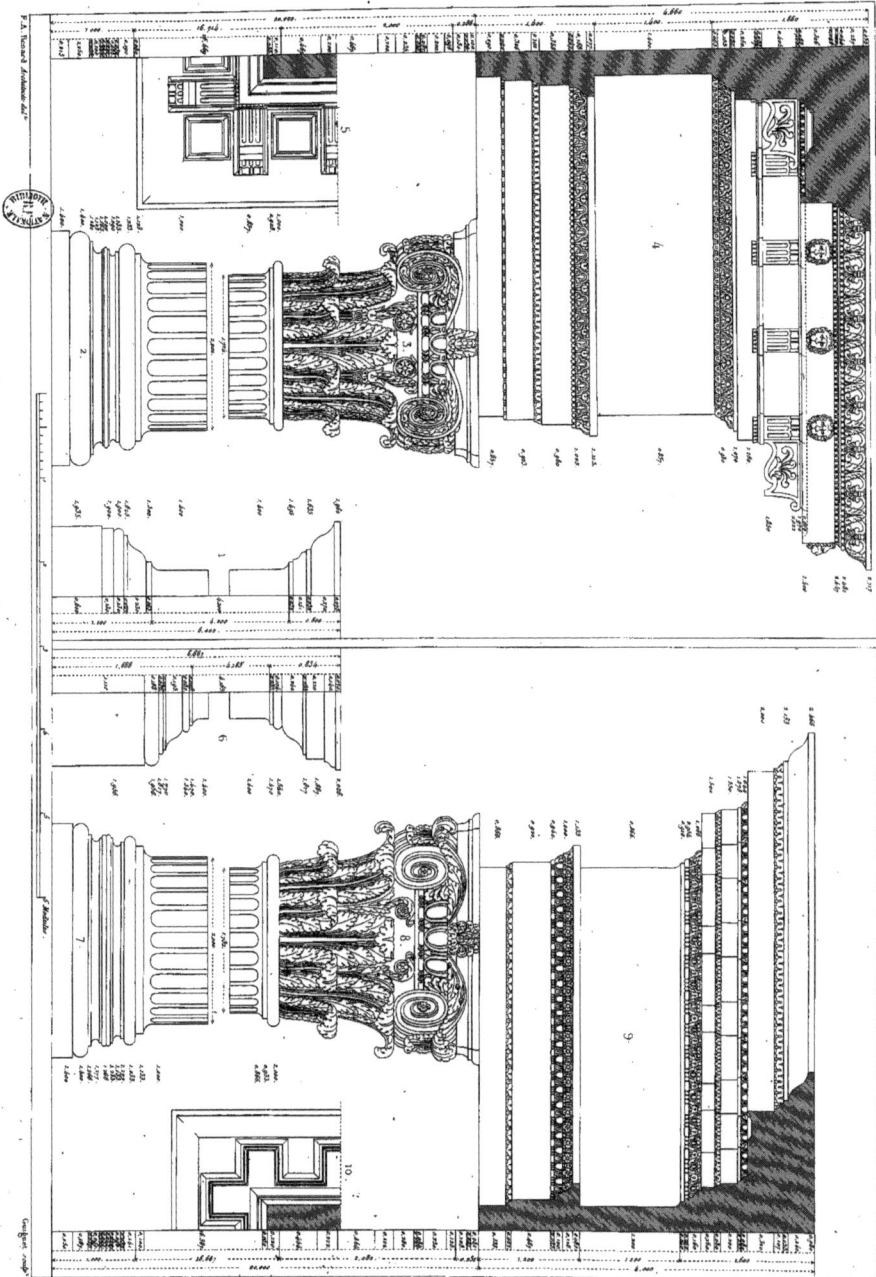

Pl. 38.

DESCRIPTION DE LA PLANCHE TRENTE-SEPTIÈME.

ORDRE COMPOSITE.

DÉTAILS SUIVANT SÉBASTIEN SERLIO.

Fig. 1. Piédestal.
Fig. 2. Base de la colonne.
Fig. 3. Élévation du chapiteau.
Fig. 4. Élévation de l'entablement.

DÉTAILS SUIVANT BAROZZIO DE VIGNOLE.

Fig. 5. Piédestal.
Fig. 6. Base de la colonne.
Fig. 7. Élévation du chapiteau [1].
Fig. 8. Profil et élévation de l'entablement.
Fig. 9. Plan du plafond de l'entablement.

[1] Voir la planche XXXIX, fig. 1 et 2, pour les tracés du plan et de l'élévation du chapiteau composite vu sur l'angle, suivant le même auteur.

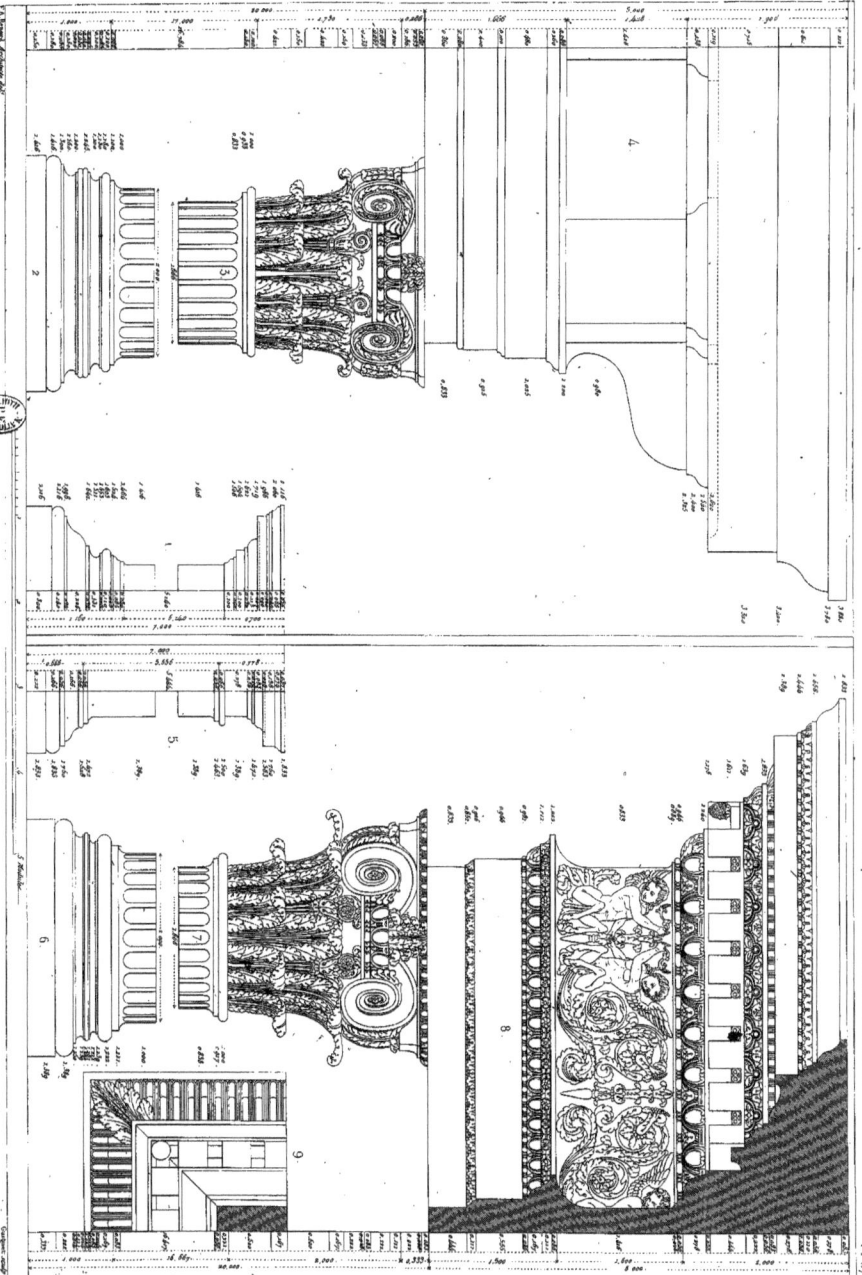

ORDRE COMPOSITE.

Détails suivant SÉBASTIEN SERLIO.

Détails suivant BAROZZIO DE VIGNOLE.

Pl. 5.

ORDRE COMPOSITE OU ROMAIN.

DÉTAILS SUIVANT ANDRÉ PALLADIO.

Fig. 1. Piédestal.

Fig. 2. Base de la colonne.

Fig. 3. Plan du chapiteau présenté sous quatre sections différentes.

Fig. 4. Coupe et profil du chapiteau sous trois sections différentes.

Fig. 5. Élévation du chapiteau.

Fig. 6. Profil et élévation de l'entablement.

Fig. 7. Plan du plafond de l'entablement.

DÉTAILS SUIVANT VINCENT SCAMOZZI.

Fig. 8. Piédestal.

Fig. 9. Base de la colonne.

Fig. 10. Plan du chapiteau présenté sous quatre sections différentes.

Fig. 11. Coupe et profil du chapiteau sous trois sections différentes.

Fig. 12. Élévation du chapiteau.

Fig. 13. Profil et élévation de l'entablement.

Fig. 14. Plan du plafond de l'entablement.

Détails suivant ANDRÉ PALLADIO.

Détails suivant VINCENT SCAMOZZI.

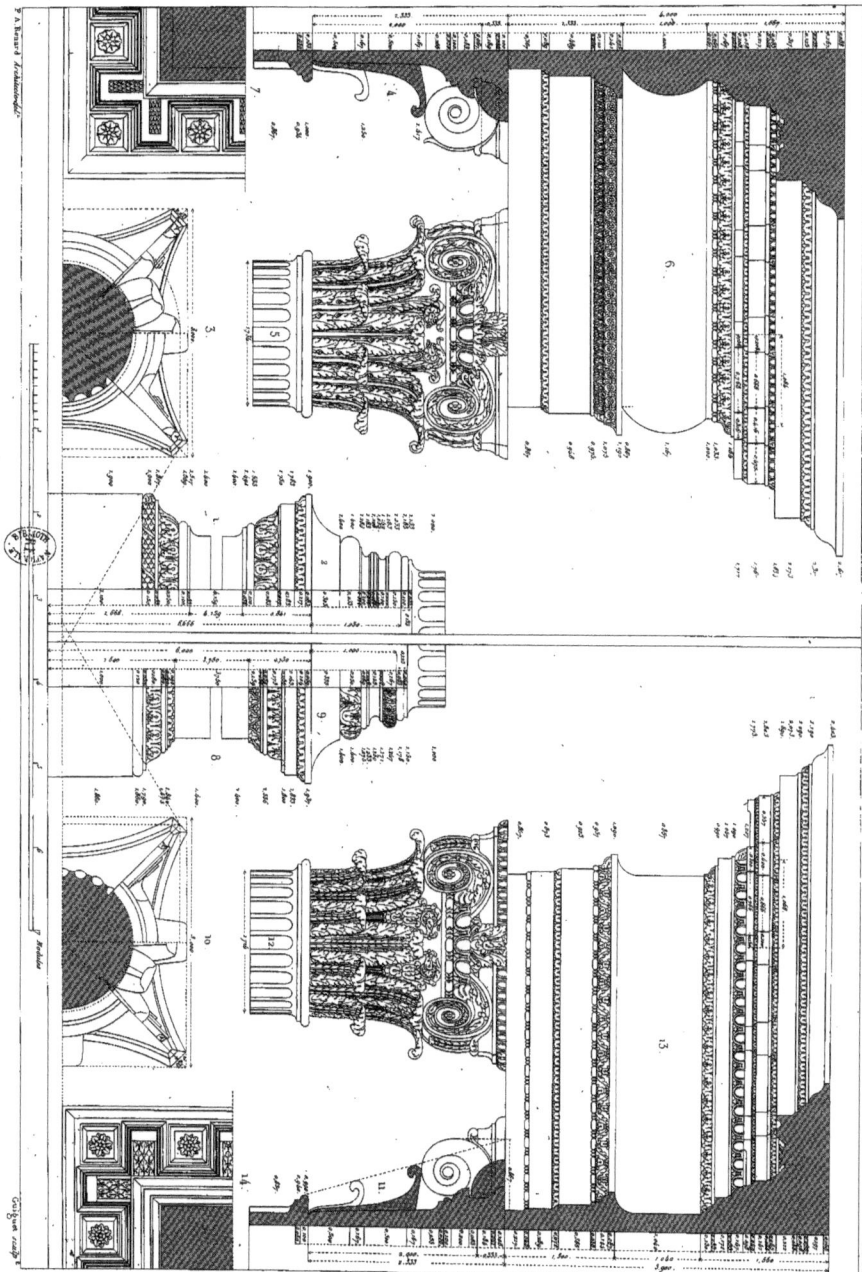

F.A. Bernard Architecte del.

Guérpin sculp.

ORDRE COMPOSITE OU ROMAIN.

ENTRE-COLONNEMENTS ET PORTIQUES SUIVANT VINCENT SCAMOZZI.

Fig. 1. Entre-colonnement sans piédestal.
Fig. 2. Portique sans piédestal.

Fig. 3. Entre-colonnement avec piédestal.
Fig. 4. Portique avec piédestal.

IMPOSTES ET ARCHIVOLTES SUIVANT LE MÊME AUTEUR.

Fig. 5. Petite imposte avec son archivolte.

Fig. 6. Grande imposte avec son archivolte.

ORDRE COMPOSITE ou ROMAIN.

Entrecolonnemens et Portiques suivant VINCENT SCAMOZZI.

Impostes et Archivoltes
suivant
V. SCAMOZZI.

Pl. 53.

DESCRIPTION DE LA PLANCHE TRENTE-QUATRIÈME.

ORDRE COMPOSITE.

ENTRE-COLONNEMENT ET PORTIQUE SUIVANT ANDRÉ PALLADIO.

Fig. 1. Entre-colonnement. Fig. 2. Portique avec piédestal.

IMPOSTES ET ARCHIVOLTES.

Fig. 3. Imposte et archivolte suivant Palladio. Fig. 4. Imposte et archivolte suivant Vignole.

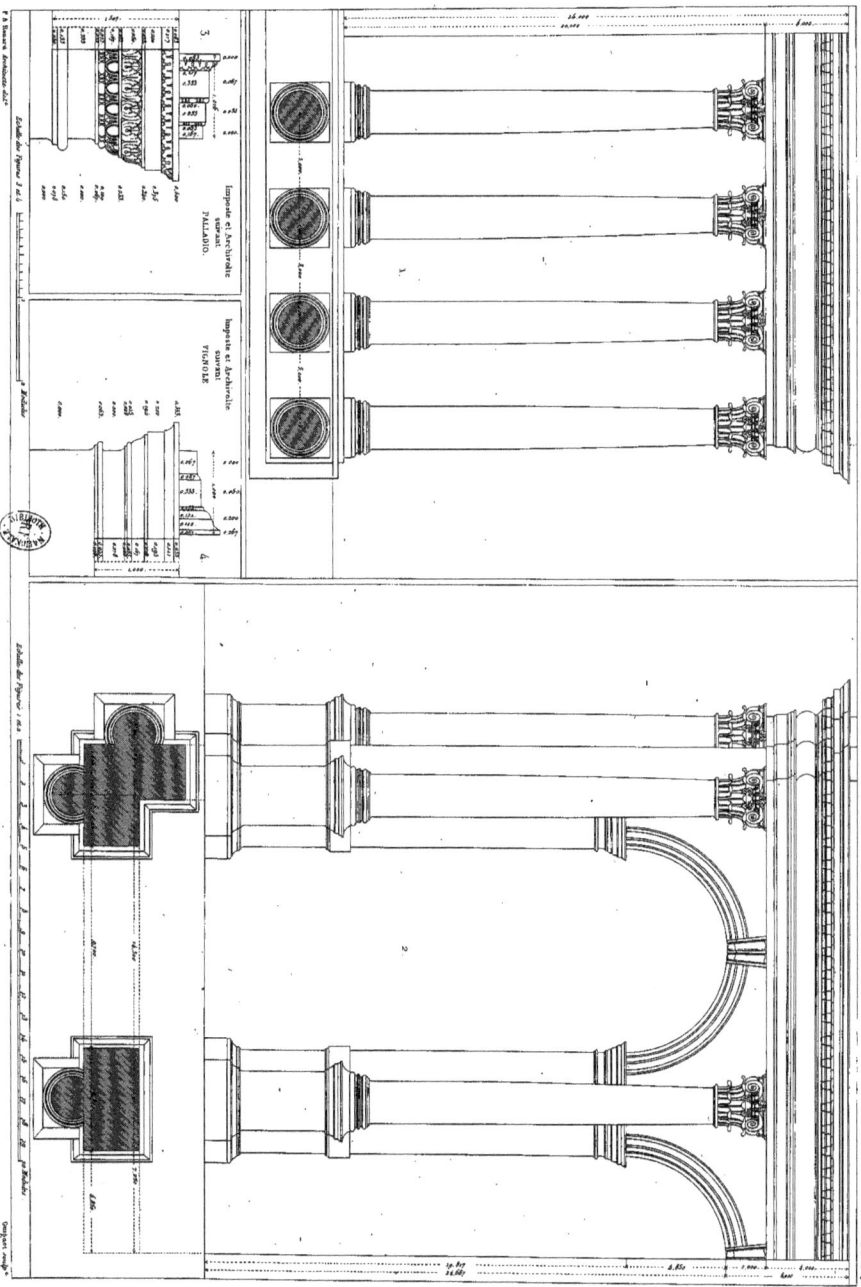

Impoſte et Archivolte
suivant
PALLADIO.

Impoſte et Archivolte
suivant
VIGNOLE.

DESCRIPTION DE LA PLANCHE TRENTE-TROISIÈME.

ORDRE COMPOSITE OU ROMAIN.

PARALLÈLE DE L'ORDRE COMPOSITE OU ROMAIN SUIVANT LES AUTEURS.

HAUTEURS GÉNÉRALES DE L'ORDRE COMPOSITE.				GROSSEUR DU FUT DE LA COLONNE COMPOSITE.		
SUIVANT :		HAUTEUR DES PRINCIPAUX MEMBRES.	HAUTEUR TOTALE DE L'ORDRE.	GROSSEUR A LA BASE DU FUT.	GROSSEUR AU PREMIER TIERS.	GROSSEUR AU SOMMET.
		Mod.	Mod.	Mod.	Mod.	Mod.
Vincent SCAMOZZI. . .	Entablement. . .	3 900				
	Colonne.	19 500	29 400	2 000	2 000	1 714
	Piédestal.	6 000				
Philibert de l'ORME. .	Entablement. . .	4 660				
	Colonne.	20 000	30 660	2 000	2 000	1 714
	Piédestal.	6 000				
André PALLADIO. . .	Entablement. . .	4 000				
	Colonne.	20 000	30 667	2 000	2 000	1 734
	Piédestal.	6 667				
Claude PERRAULT. . .	Entablement. . .	4 000				
	Colonne.	20 000	30 667	2 000	1 911	1 732
	Piédestal.	6 667				
Sébastien SERLIO. . .	Entablement. . .	5 000				
	Colonne.	20 000	32 000	2 000	2 000	1 666
	Piédestal.	7 000				
Barozzio de VIGNOLE.	Entablement. . .	5 000				
	Colonne.	20 000	32 000	2 000	2 000	1 666
	Piédestal.	7 000				

ORNEMENTATION DE FRISES ET DE MOULURES

POUR LES ORDRES

IONIQUE, CORINTHIEN ET COMPOSITE.

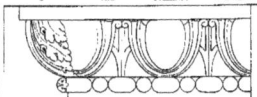

PARALLÈLE DE L'ORDRE COMPOSITE OU ROMAIN SUIVANT LES AUTEURS.

DE L'ORME. PALLADIO PERRAULT SERLIO VIGNOLE

SCAMOZZI

Ornementation
de Frises et de Moulures
pour
les Ordres
Ionique Corinthien et Composite.

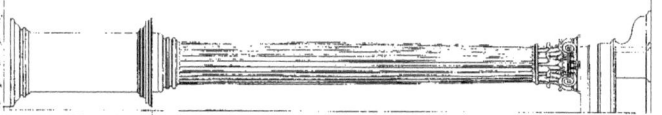

Pl. 35

DESCRIPTION DE LA PLANCHE TRENTE-DEUXIÈME.

ORDRE CORINTHIEN.

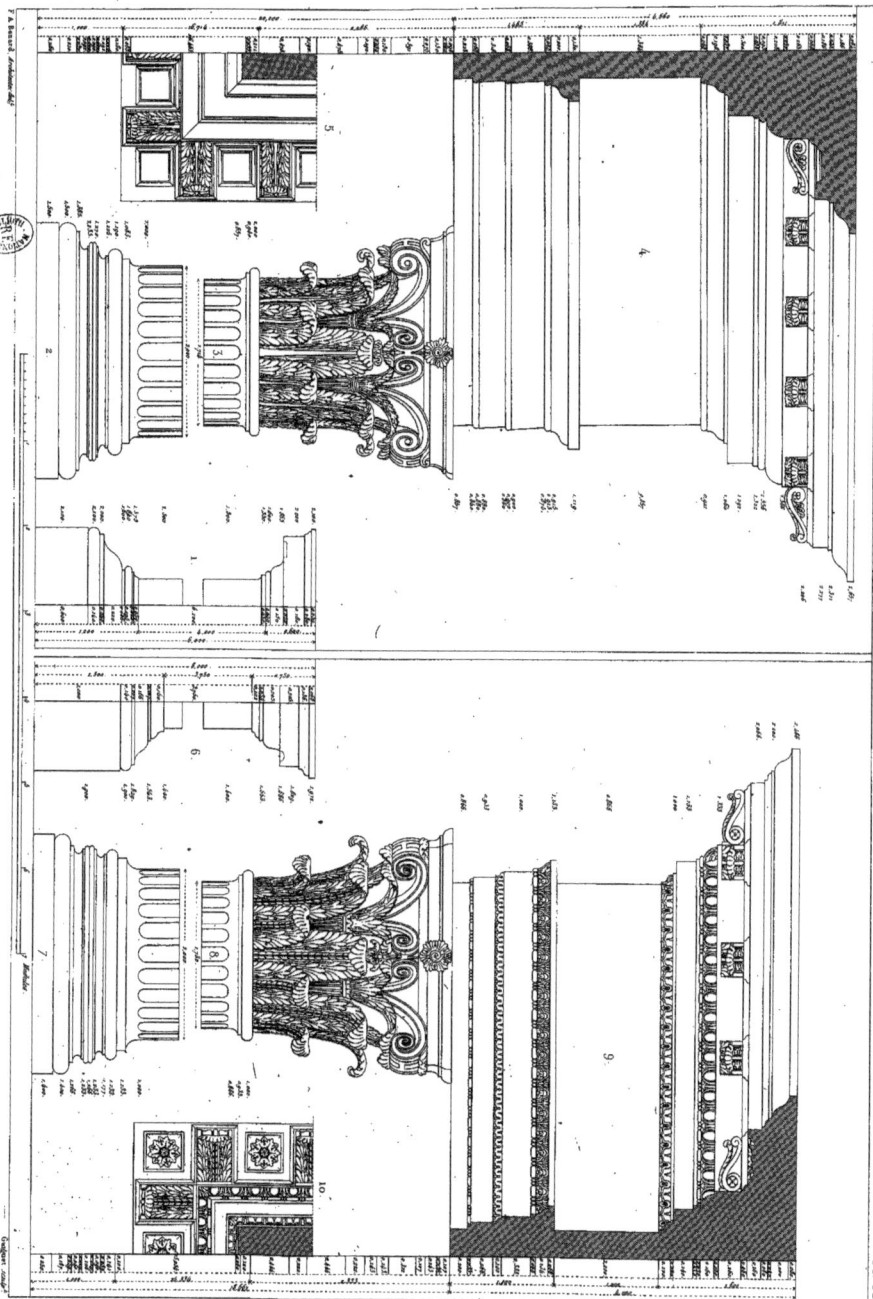

ORDRE CORINTHIEN.

Détails suivant PHILIBERT DE L'ORME.

Détails suivant CLAUDE PERRAULT.

Pl. 52.

DESCRIPTION DE LA PLANCHE TRENTE ET UNIÈME.

ORDRE CORINTHIEN.

DÉTAILS SUIVANT BAROZZIO DE VIGNOLE.

Fig. 1. Piédestal corinthien.

Fig. 2. Base corinthienne.

Fig. 3. Plan du chapiteau.

Fig. 4. Élévation du chapiteau.

Fig. 5. Tracé du chapiteau corinthien, vu sur l'angle.

Fig. 6. Profil et élévation de l'entablement.

Fig. 7. Plan du plafond de l'entablement.

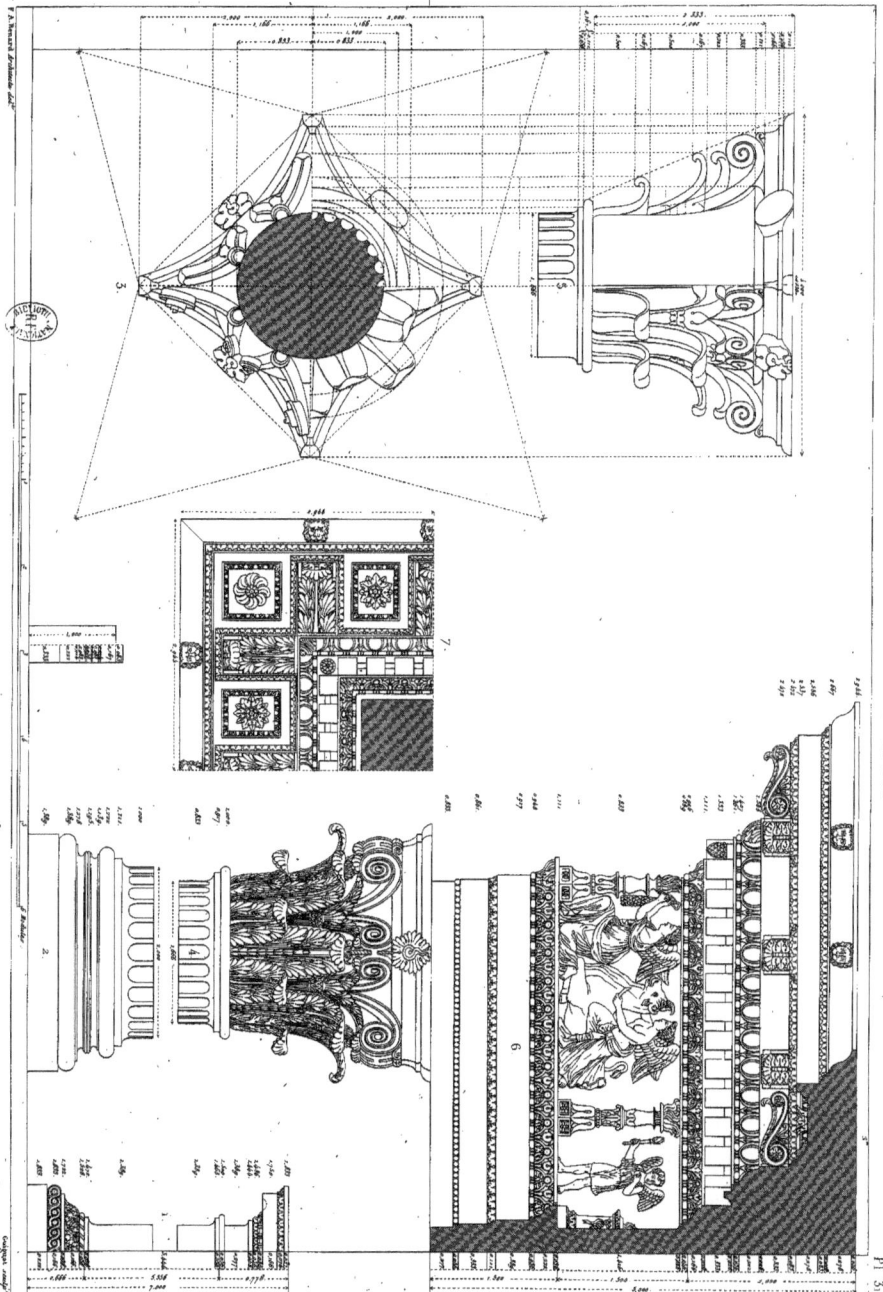

ORDRE CORINTHIEN.

Détails suivant BAROZZIO DE VIGNOLE.

Pl 3.

DESCRIPTION DE LA PLANCHE TRENTIÈME.

ORDRE CORINTHIEN.

ENTRE-COLONNEMENT ET PORTIQUES SUIVANT BAROZZIO DE VIGNOLE.

Fig. 1. Entre-colonnement corinthien.

Fig. 2. Portique corinthien sans piédestal.

Fig. 3. Portique avec piédestal.

(*Voir la planche* 26, *fig.* 6, *pour les détails de l'imposte et de l'archivolte.*)

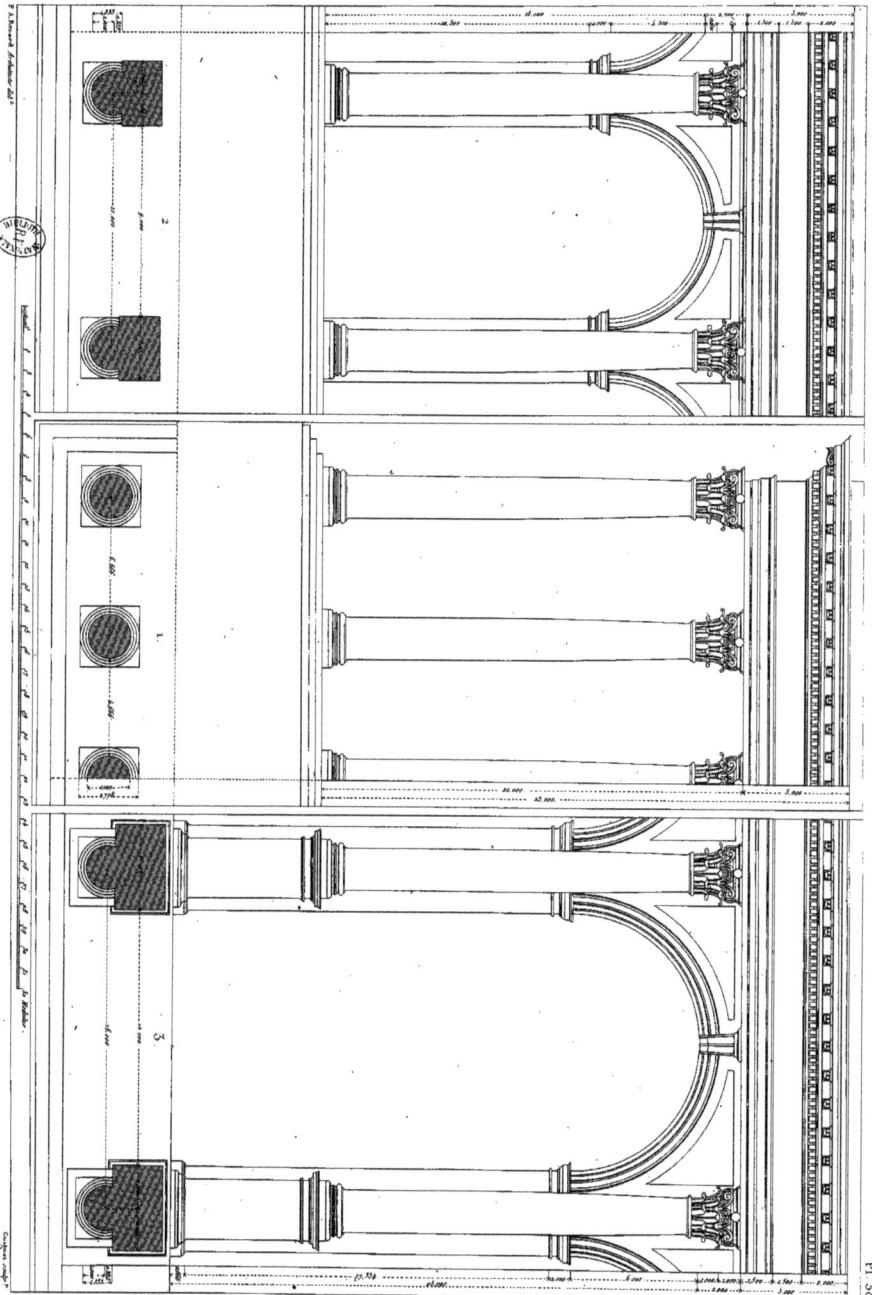

ORDRE CORINTHIEN.

Entrecolonnement et Portiques suivant BAROZZIO DE VIGNOLE.

Pl. 30.

DESCRIPTION DE LA PLANCHE VINGT-NEUVIÈME.

ORDRE CORINTHIEN.

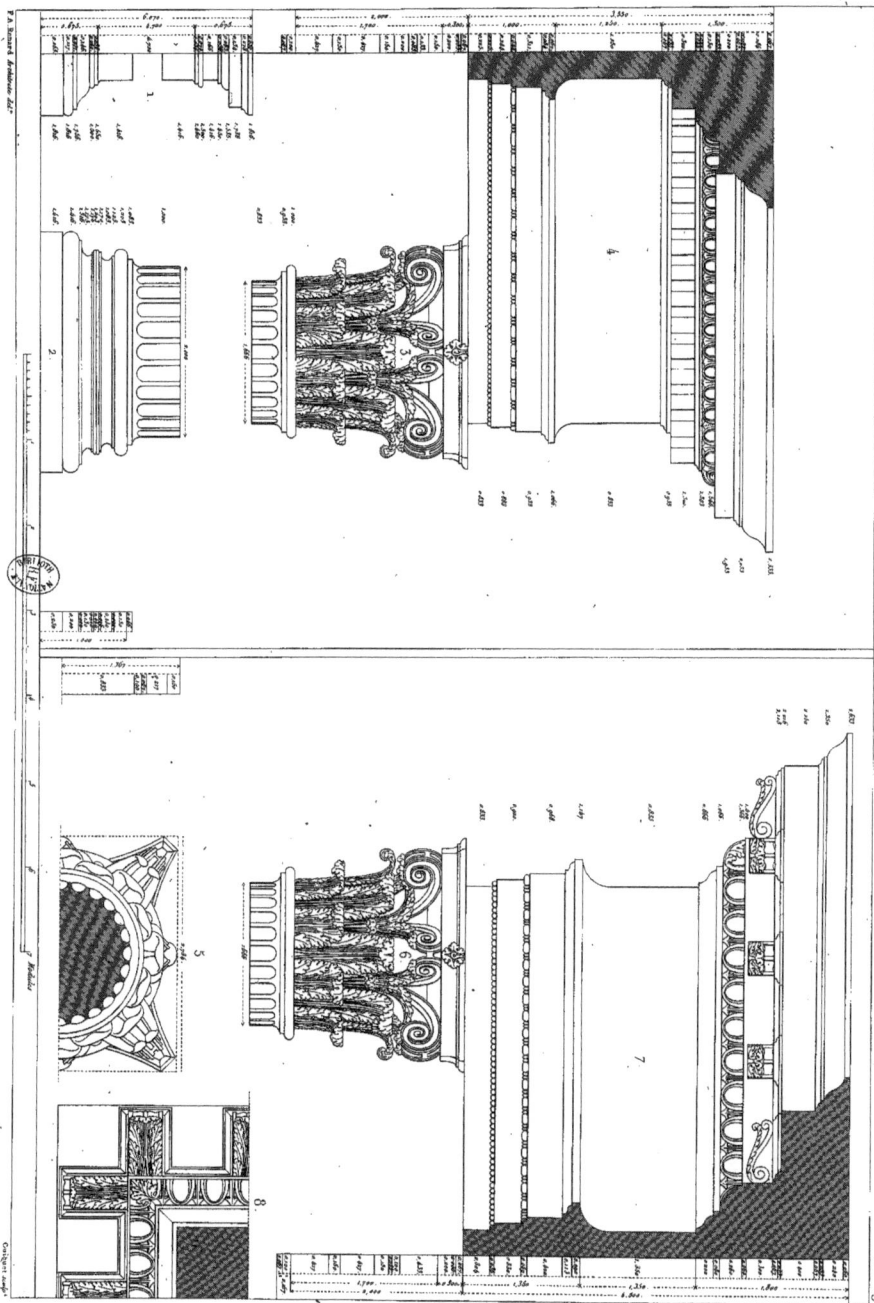

Corinthien denticulaire suivant SÉBASTIEN SERLIO.

Corinthien mutulaire suivant le même auteur.

Pl 29

DESCRIPTION DE LA PLANCHE VINGT-HUITIÈME.

ORDRE CORINTHIEN.

DÉTAILS SUIVANT ANDRÉ PALLADIO.

Fig. 1. Piédestal.
Fig. 2. Base de la colonne.
Fig. 3. Plan du chapiteau présenté sous quatre sections différentes.
Fig. 4. Coupe et profil du chapiteau sous trois sections différentes.
Fig. 5. Élévation du chapiteau.
Fig. 6. Profil et élévation de l'entablement.
Fig. 7. Plan du plafond de l'entablement.

DÉTAILS SUIVANT VINCENT SCAMOZZI.

Fig. 8. Piédestal.
Fig. 9. Base de la colonne.
Fig. 10. Plan du chapiteau présenté sous quatre sections différentes.
Fig. 11. Coupe et profil du chapiteau sous trois sections différentes.
Fig. 12. Élévation du chapiteau.
Fig. 13. Profil et élévation de l'entablement.
Fig. 14. Plan du plafond de l'entablement.

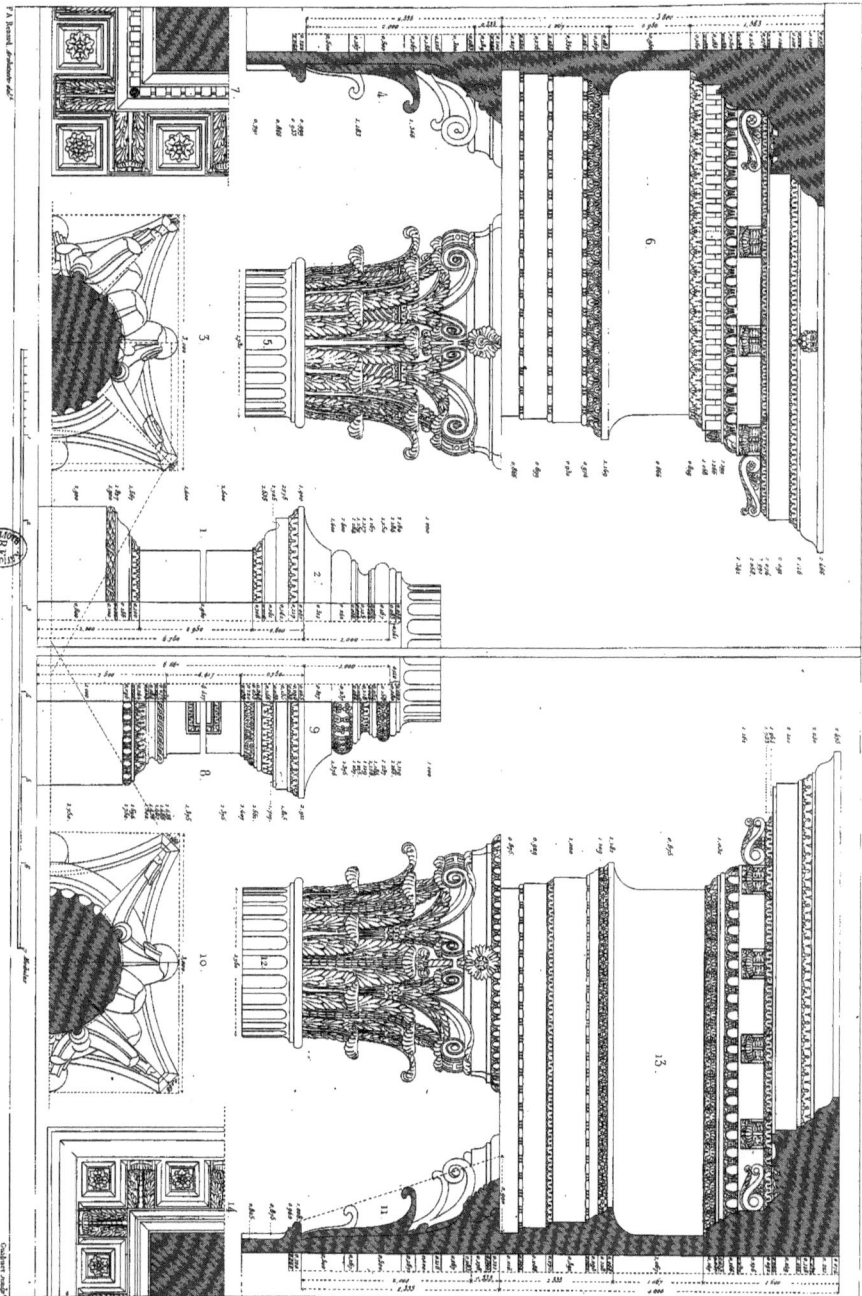

Détails suivant ANDRÉ PALLADIO

Détails suivant VINCENT SCAMOZZI.

Pl. 28.

DESCRIPTION DE LA PLANCHE VINGT-SEPTIÈME.

ORDRE CORINTHIEN.

ENTRE-COLONNEMENTS ET PORTIQUES SUIVANT VINCENT SCAMOZZI.

Fig. 1. Entre-colonnement sans piédestal.
Fig. 2. Entre-colonnement avec piédestal.

Fig. 3. Portique corinthien sans piédestal.
Fig. 4. Portique corinthien avec piédestal.

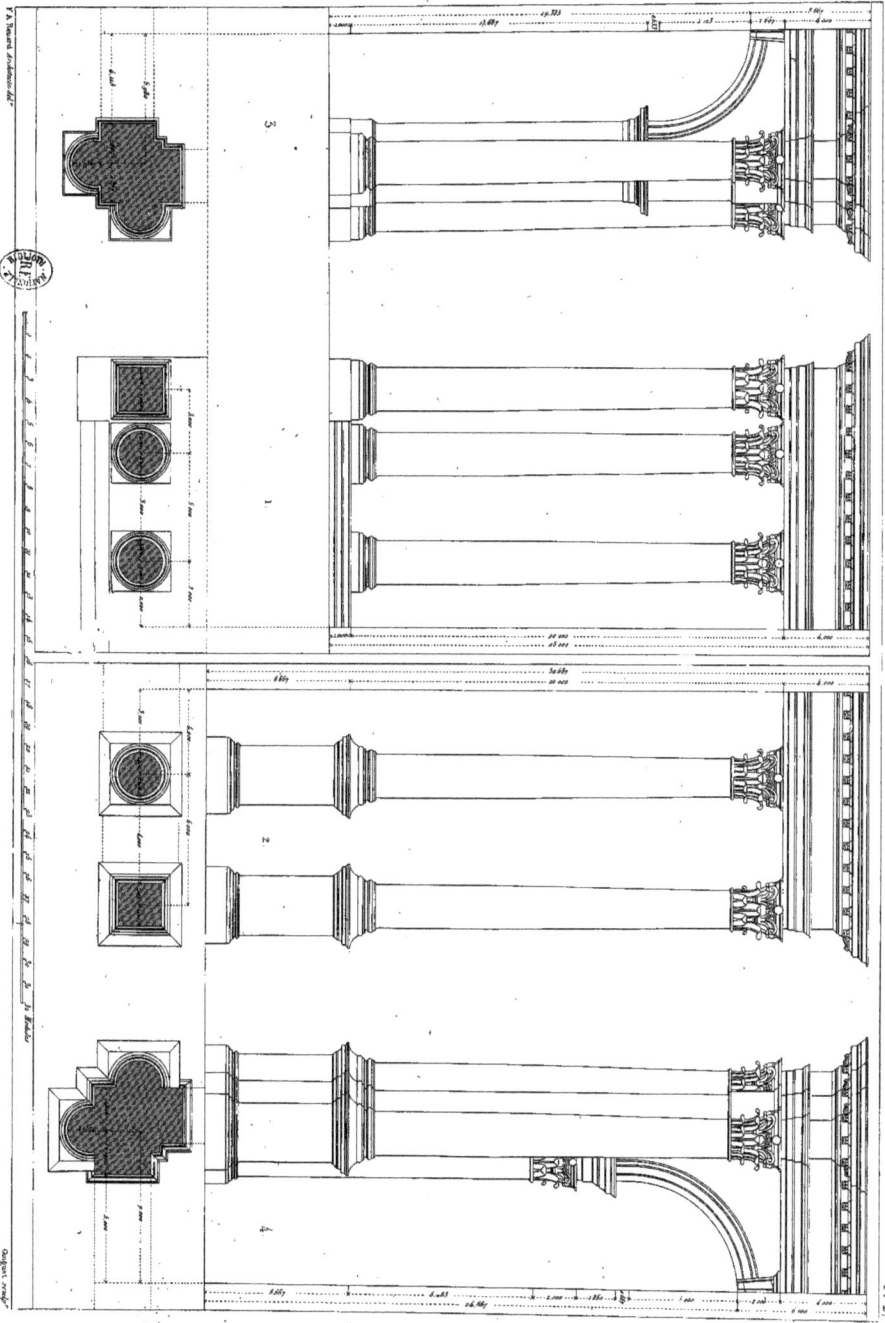

ORDRE CORINTHIEN

Entrecolonnemens et Portiques suivant VINCENT SCAMOZZI.

Pl. 27

DESCRIPTION DE LA PLANCHE VINGT-SIXIÈME.

ORDRE CORINTHIEN.

ENTRE-COLONNEMENT ET PORTIQUE SUIVANT PALLADIO.

Fig. 1. Entre-colonnement corinthien.

Fig. 2. Portique corinthien avec piédestal.

DÉTAILS DES IMPOSTES ET ARCHIVOLTES SUIVANT PALLADIO, SCAMOZZI ET VIGNOLE.

Fig. 3. Imposte avec son archivolte suivant Palladio.

Fig. 4. Petite imposte avec son archivolte suivant Scamozzi.

Fig. 5. Grande imposte avec son archivolte suivant Scamozzi.

Fig. 6. Imposte avec son archivolte suivant Vignole.

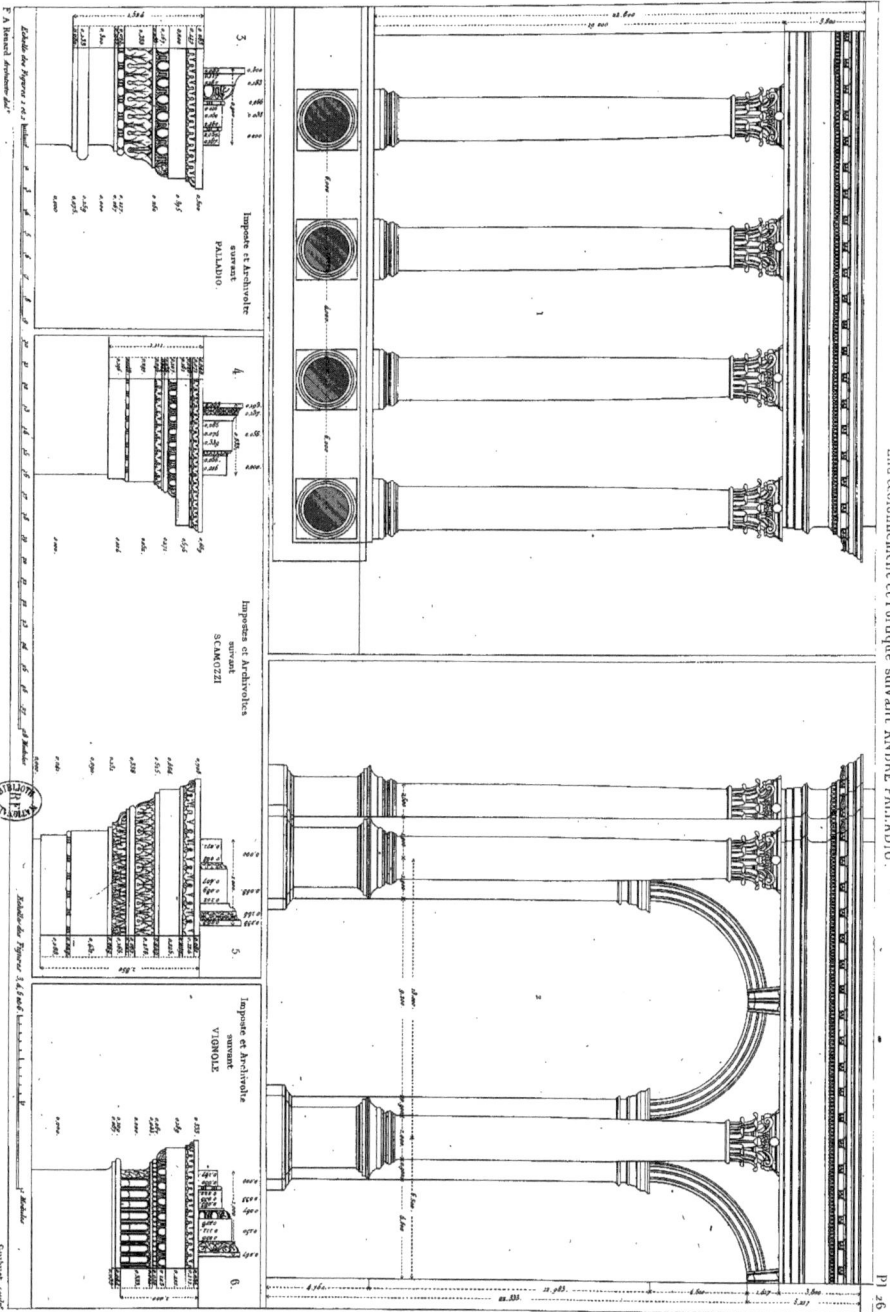

ORDRE CORINTHIEN.

Entrecolonnement et Portique suivant ANDRÉ PALLADIO.

Imposte et Archivolte suivant PALLADIO.

Impostes et Archivoltes suivant SCAMOZZI.

Imposte et Archivolte suivant VIGNOLE.

Pl. 26

F. A. Renard architecte del.t

Guiguet sculp.t

DESCRIPTION DE LA PLANCHE VINGT-CINQUIÈME.

ORDRE CORINTHIEN.

PARALLÈLE DE L'ORDRE CORINTHIEN SUIVANT LES AUTEURS.

HAUTEURS GÉNÉRALES DE L'ORDRE CORINTHIEN.		HAUTEUR DES PRINCIPAUX MEMBRES.	HAUTEUR TOTALE DE L'ORDRE.	GROSSEUR DU FUT DE LA COLONNE CORINTHIENNE.		
SUIVANT :				GROSSEUR A LA BASE DU FUT.	GROSSEUR AU PREMIER TIERS.	GROSSEUR AU SOMMET.
		Mod.	Mod.	Mod.	Mod.	Mod.
ANDRÉ PALLADIO. . .	Entablement. . .	3 800				
	Colonne.	19 000	27 550	2 000	2 000	1 732
	Piédestal.	4 750				
SÉBASTIEN SERLIO. . .	Entablement. . .	4 500				
	Colonne.	18 000	28 500	2 000	2 000	1 666
	Piédestal.	6 000				
CLAUDE PERRAULT. . .	Entablement. . .	4 000				
	Colonne.	18 667	28 667	2 000	1 911	1 732
	Piédestal.	6 000				
PHILIBERT DE L'ORME. .	Entablement. . .	4 660				
	Colonne.	20 000	30 660	2 000	2 000	1 714
	Piédestal.	6 000				
VINCENT SCAMOZZI. . .	Entablement. . .	4 000				
	Colonne.	20 000	30 667	2 000	2 000	1 750
	Piédestal.	6 667				
BAROZZIO DE VIGNOLE.	Entablement. . .	5 000				
	Colonne.	20 000	32 000	2 000	2 000	1 666
	Piédestal.	7 000				

ORNEMENTATION DE FRISES ET DE PLATES-BANDES

POUR LES ORDRES

DORIQUE, CORINTHIEN ET COMPOSITE.

ORDRE CORINTHIEN

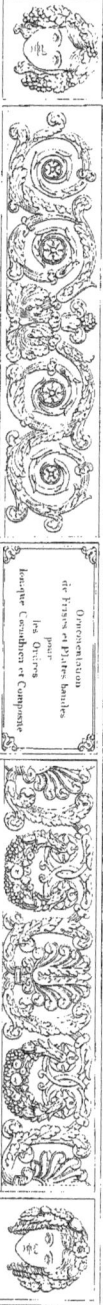

Parallèle de l'ordre corinthien suivant les auteurs

PALLADIO

SERLIO

PERRAULT

DE L'ORME

SCAMOZZI

VIGNOLE

Ornementation
de Frises et Plates bandes
pour
les Ordres
Ionique Corinthien et Composite

ORDRE IONIQUE.

TRACÉ DE LA VOLUTE SUIVANT LES AUTEURS.

SUIVANT ANDRÉ PALLADIO.

Fig. 1. Le filet supérieur du tailloir du chapiteau, dont on ne peut voir qu'une partie sur cette figure, mais dont la longueur totale est égale à 2^{mod},100, est divisé en 19 parties égales ; des points 1 et 18 de cette division, on abaisse deux lignes verticales désignées chacune sous le nom de *cathète*. Cela fait, neuf divisions égales à celles obtenues sur le filet du tailloir sont portées sur ces cathètes, à partir du dessous de ce même filet ; sur la sixième de ces divisions, c'est-à-dire entre les points 5 et 6, un cercle est décrit, lequel a pour diamètre la longueur même de cette division ; ce cercle est appelé *œil de la volute* ; on divise ensuite cet œil de la manière indiquée à droite de la figure (1), et les 12 points résultant de cette division, devront, en suivant leur ordre ascensionnel, servir tour à tour de points de centre à 12 arcs de cercle ; enfin, ces arcs décrits à la suite les uns des autres, et dans les limites formées par les deux lignes qui se croisent à angle droit au centre de l'œil, formeront cette ligne spirale qui reçoit ici le nom de *volute*.

Le contour intérieur de cette volute s'obtient en partageant les intervalles existant entre les divisions de l'œil : 1, 5 ; — 2, 6 ; — 3, 7 ; etc., en quatre parties égales, et en plaçant successivement la pointe du compas sur celles de ces parties situées immédiatement au-dessous des points qui ont servi à tracer le contour extérieur.

SUIVANT VINCENT SCAMOZZI.

Fig. 2. La position de l'œil de la volute étant fixée d'après les plans et élévations du chapiteau donnés par l'auteur, pl. 20, fig. 11, 12, 13, 14 et 15, cet œil est ensuite divisé et la volute est tracée suivant les mêmes principes que ceux établis ci-dessus.

SUIVANT SÉBASTIEN SERLIO.

Fig. 3. Cet auteur ne donne que six points de centre à sa volute, ces points ne lui fournissent également que six arcs de cercle ; mais chacun de ces arcs étant égal, comme on le voit, à une demi-circonférence, c'est-à-dire étant le double de ceux obtenus par les tracés précédents, on n'en obtient pas moins les trois révolutions dont le développement total de la volute se compose le plus ordinairement.

Serlio ne dit point comment il faut tracer le second contour de la volute ; on l'obtiendra en reculant les points de centre de l'œil d'un dixième, d'un neuvième ou d'un huitième des intervalles compris entre ces points, suivant qu'on voudra rendre plus ou moins ferme et soutenu le listel ou filet formé par ce second contour.

SUIVANT BAROZZIO DE VIGNOLE.

Fig. 4. Le chapiteau ionique de Vignole diffère de celui de Palladio sous le rapport de la saillie, de l'épaisseur et de la distribution de ses moulures. Il n'en est pas de même du tracé de sa volute ; car, la position de celle-ci étant déterminée sur le chapiteau, Vignole obtient son contour au moyen d'une division de l'œil exactement semblable à celle de Palladio. On remarquera cependant que, sous ce dernier rapport, le tracé de Vignole donné sur cette planche présente une variante assez notable ; mais cette variante n'est point de cet auteur, elle est due à Daviler, l'un de ses traducteurs. Celui-ci, afin de donner plus de perfection au contour de la volute, évite les jarrets quelque peu sensibles qui se forment dans la circonvolution de cette courbe à la jonction des arcs de cercle, en arrêtant chacun de ceux-ci sur les lignes tantôt verticales, tantôt horizontales ou même obliques, selon le cas, tirées des points de centre mêmes qui servent à les décrire. L'aspect de notre figure fera comprendre suffisamment, sans plus d'explication, ce perfectionnement apporté par Daviler au tracé de nos auteurs ; tracé dont ces derniers ont tous les deux, vraisemblablement, trouvé le principe sur quelques débris des monuments de l'ancienne Rome.

SUIVANT PHILIBERT DE L'ORME.

Fig. 5. Cet auteur dit avoir trouvé ce tracé qu'il donne de la volute ionique, sur un chapiteau seulement ébauché d'une église située dans un des faubourgs de Rome, et construite des débris de plusieurs édifices antiques.

Il est une remarque essentielle à faire au sujet de ce tracé (2) : c'est que, bien qu'il n'y ait que douze centres dans la division de l'œil de la volute, le contour de cette dernière est formé de treize arcs de cercle ; cela vient de ce que le centre marqué 1 sert à tracer deux de ces arcs, le premier et le cinquième.

SUIVANT CLAUDE PERRAULT.

Fig. 6. Le tracé de cette volute est conforme à celui de Palladio.

SECOND TRACÉ DE VIGNOLE,
AVEC LE MOYEN D'EN ÉTENDRE L'APPLICATION AUX VOLUTES ORNÉES DE PLUSIEURS FILETS.

Fig. 7. Pour tracer la volute de la manière indiquée par cette figure, Vignole fait la ligne cathète 1, 5, égale à 0^{mod},889, puis il place le centre de l'œil à 0^{mod},500 en contre-bas du point 1, il divise ensuite la circonférence de cet œil en huit parties égales, par autant de rayons partant du centre et prolongés indéfiniment.

Cela fait, il construit à part le triangle A, B, C, dont le côté A, B, est égal à la portion de la cathète comprise entre le centre de l'œil et le point 1, et le côté B, C, à l'autre portion de cette cathète comprise entre ce même centre et le point 5.

Ce triangle ne varie point comment il faut tracer le second contour de la manière indiquée sur la figure, puis les 25 distances qui résultent de cette division, relevées au compas à partir de B, sont portées successivement du point central de la volute sur les huit rayons partant de ce point, ainsi que l'indiquent d'ailleurs les chiffres qui y sont marqués depuis 1 jusqu'à 25.

Maintenant il reste à tracer au compas les portions de cercle qui doivent définitivement constituer la volute en réunissant les points répartis sur les huit rayons. Voici comment on opère ce tracé : pour obtenir la première portion de cercle, par exemple, on place une des pointes du compas sur le point 1, et en écartant l'autre pointe jusqu'au centre de l'œil de la volute, on trace un petit arc de cercle au centre de cet œil ; puis on place la première pointe sur le point 2, et avec la même ouverture de compas on décrit un second arc de cercle qui coupe le premier en un point ; ce dernier devient alors le centre de la portion de cercle qui doit réunir les points 1 et 2. Mettant, après cela, une des pointes du compas sur le point 2 et portant l'autre au centre de l'œil, on décrit un autre arc de cercle, puis avec la même ouverture de compas, partant du point 3, on coupe cet arc en un point qui deviendra le centre de la deuxième portion de la volute à décrire de 2 jusqu'à 3. C'est ainsi qu'il faut procéder à l'égard de toutes les autres points.

Vignole n'indique pas le moyen d'obtenir la seconde révolution de cette volute. On pourra employer ici ce que nous avons déjà donné dans notre traduction des règles des cinq ordres de cet auteur : l'épaisseur du filet ou listel de la volute étant déterminée, ou, si l'on veut mieux, le point de départ de la seconde révolution étant fixé, on le prend sur le voit sur notre figure, est projeté sur l'hypoténuse du triangle parallèlement à la ligne horizontale partant du centre de la volute jusqu'au point B ; du nouveau point résultant de la jonction de ladite ligne avec ce grand côté du triangle, on abaisse une perpendiculaire ; celle-ci, nécessairement parallèle à A B, en coupant tous les rayons partant du point C, déterminera de même que la première fois, on obtiendra sur les rayons de la volute des points proportionnellement distants des premiers, et si par ces points on fait passer une deuxième spirale, elle formera nécessairement, avec la première, un filet dont l'épaisseur diminuera dans une proportion mathématiquement exacte.

ERRATA DE LA PLANCHE VINGT-QUATRIÈME.

(1) Fig. 1. Tracé de la volute suivant Palladio. La division de l'œil de cette volute doit être numérotée de gauche à droite au lieu de l'être du sens contraire, comme cela a été fait par erreur sur la figure. Ainsi les chiffres 2, 6, 10 de cette division devront prendre la place des chiffres 4, 8, 12, et réciproquement.

(2) Fig. 5. Tracé de la volute suivant Philibert de l'Orme. Même rectification à faire que celle indiquée ci-contre (1).

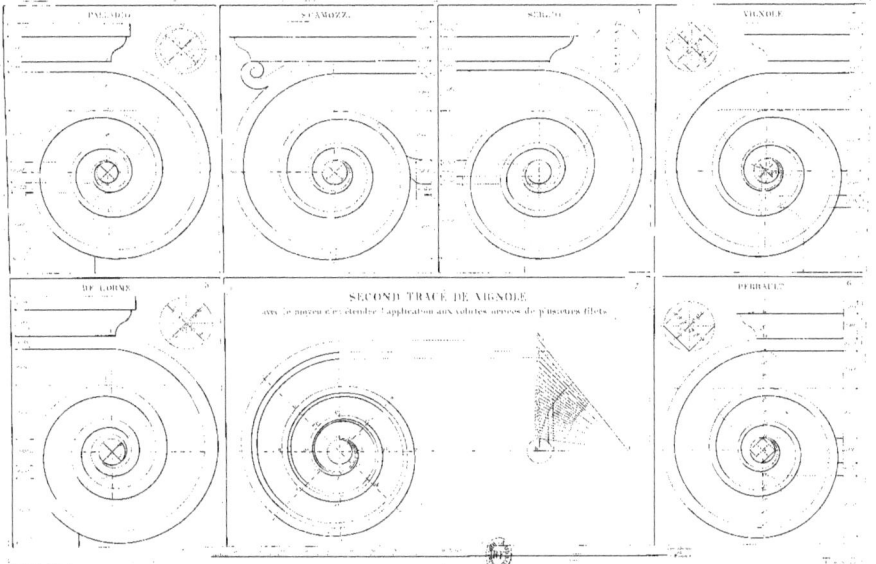

ORDRE IONIQUE.

Tracé de la Volute suivant les Auteurs

DESCRIPTION DE LA PLANCHE VINGT-TROISIÈME.

ORDRE IONIQUE.

Détails suivant PHILIBERT DE L'ORME.

Détails suivant CLAUDE PERRAULT.

Pl. 25.

DESCRIPTION DE LA PLANCHE VINGT-DEUXIÈME.

ORDRE IONIQUE.

DÉTAILS SUIVANT SÉBASTIEN SERLIO.

Fig. 1. Piédestal ionique.

Fig. 2. Base de la colonne.

Fig. 3. Plan du chapiteau.

Fig. 4. Élévation de la face principale du chapiteau.

Fig. 5. Élévation de la face latérale du chapiteau.

Fig. 6. Profil du chapiteau.

Fig. 7. Profil et élévation de l'entablement.

Fig. 8. Plan du plafond de l'entablement.

DÉTAILS SUIVANT BAROZZIO DE VIGNOLE.

Fig. 9. Piédestal ionique.

Fig. 10. Base de la colonne.

Fig. 11. Plan du chapiteau.

Fig. 12. Élévation de la face principale du chapiteau.

Fig. 13. Élévation de la face latérale du chapiteau.

Fig. 14. Profil du chapiteau.

Fig. 15. Profil et élévation de l'entablement.

Fig. 16. Imposte et archivolte de l'arcade ionique.

Détails suivant SÉBASTIEN SERLIO

Détails suivant BAROZZIO DE VIGNOLE

Pl. 31

DESCRIPTION DE LA PLANCHE VINGT ET UNIÈME.

ORDRE IONIQUE.

ENTRE-COLONNEMENT ET PORTIQUES SUIVANT BAROZZIO DE VIGNOLE.

Fig. 1. Entre-colonnement ionique.
Fig. 2. Portique sans piédestal.

Fig. 3. Portique ionique avec piédestal.

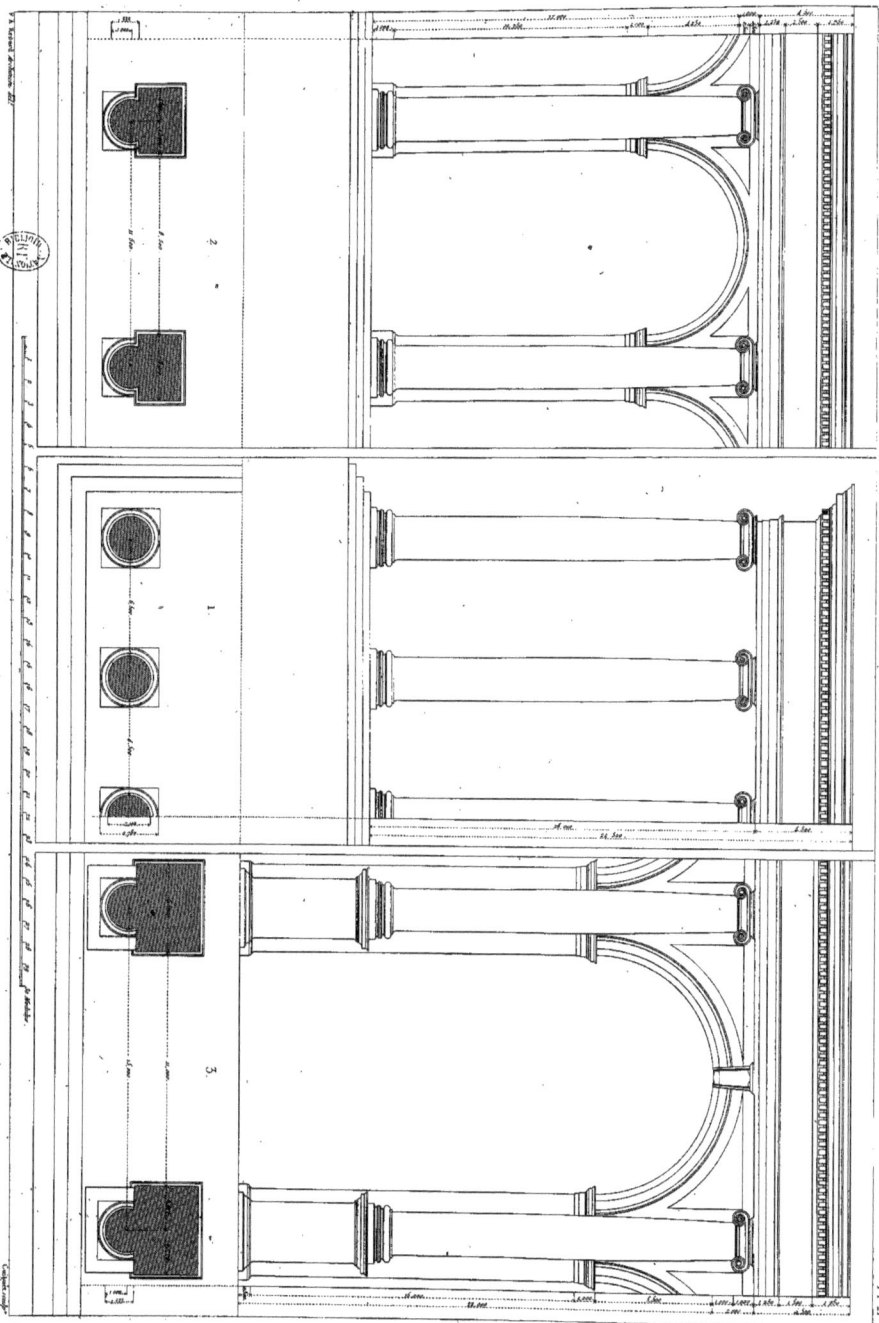

ORDRE IONIQUE.

Entrecolonnement et Portiques suivant BAROZZIO DE VIGNOLE.

DESCRIPTION DE LA PLANCHE VINGTIEME.

ORDRE IONIQUE.

Nota. Voir les figures 1 et 2 de la planche vingt-quatrième pour le tracé de la volute, suivant ces deux auteurs.

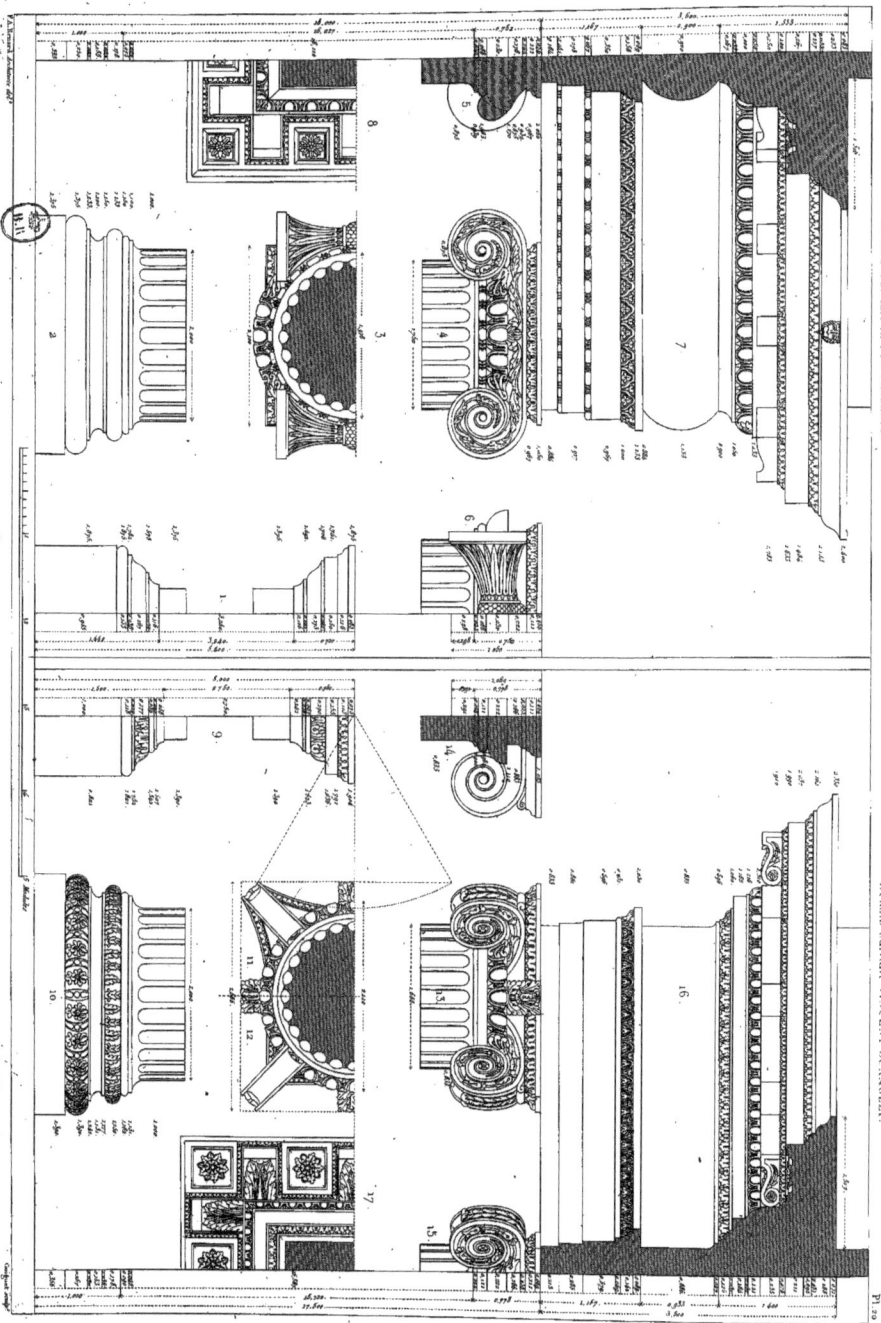

Pl. 29

DESCRIPTION DE LA PLANCHE DIX-NEUVIÈME.

ORDRE IONIQUE.

ENTRE-COLONNEMENTS ET PORTIQUES SUIVANT VINCENT SCAMOZZI.

Fig. 1. Entre-colonnement sans piédestal.

Fig. 2. Entre-colonnement avec piédestal.

Fig. 3. Portique ionique sans piédestal.

Fig. 4. Portique ionique avec piédestal.

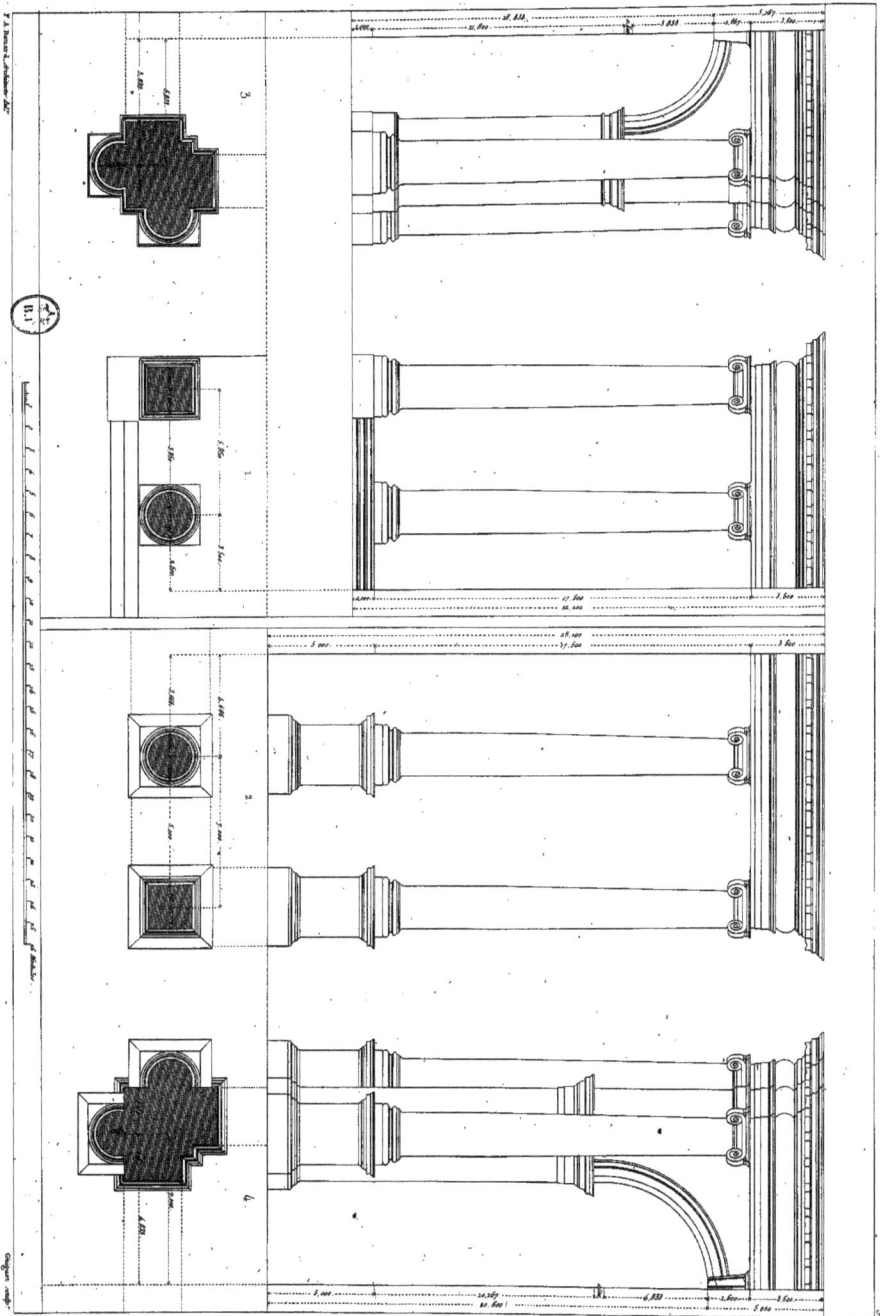

ORDRE IONIQUE

Entrecolonnemens et Portiques suivant VINCENT SCAMOZZI

Pl. 19

DESCRIPTION DE LA PLANCHE DIX-HUITIÈME.

ORDRE IONIQUE.

ENTRE-COLONNEMENT ET PORTIQUE SUIVANT PALLADIO.

Fig. 1. Entre-colonnement ionique.

Fig. 2. Portique d'ordre ionique avec piédestal.

Fig. 3. Piédestal ionique suivant Palladio.

DÉTAILS DES IMPOSTES ET ARCHIVOLTES SUIVANT PALLADIO ET SCAMOZZI.

Fig. 4. Imposte avec son archivolte, suivant Palladio.

Fig. 5. Imposte avec la même archivolte, suivant le même auteur.

Fig. 6. Petite imposte avec son archivolte, suivant Scamozzi.

Fig. 7. Grande imposte avec son archivolte, suivant le même auteur.

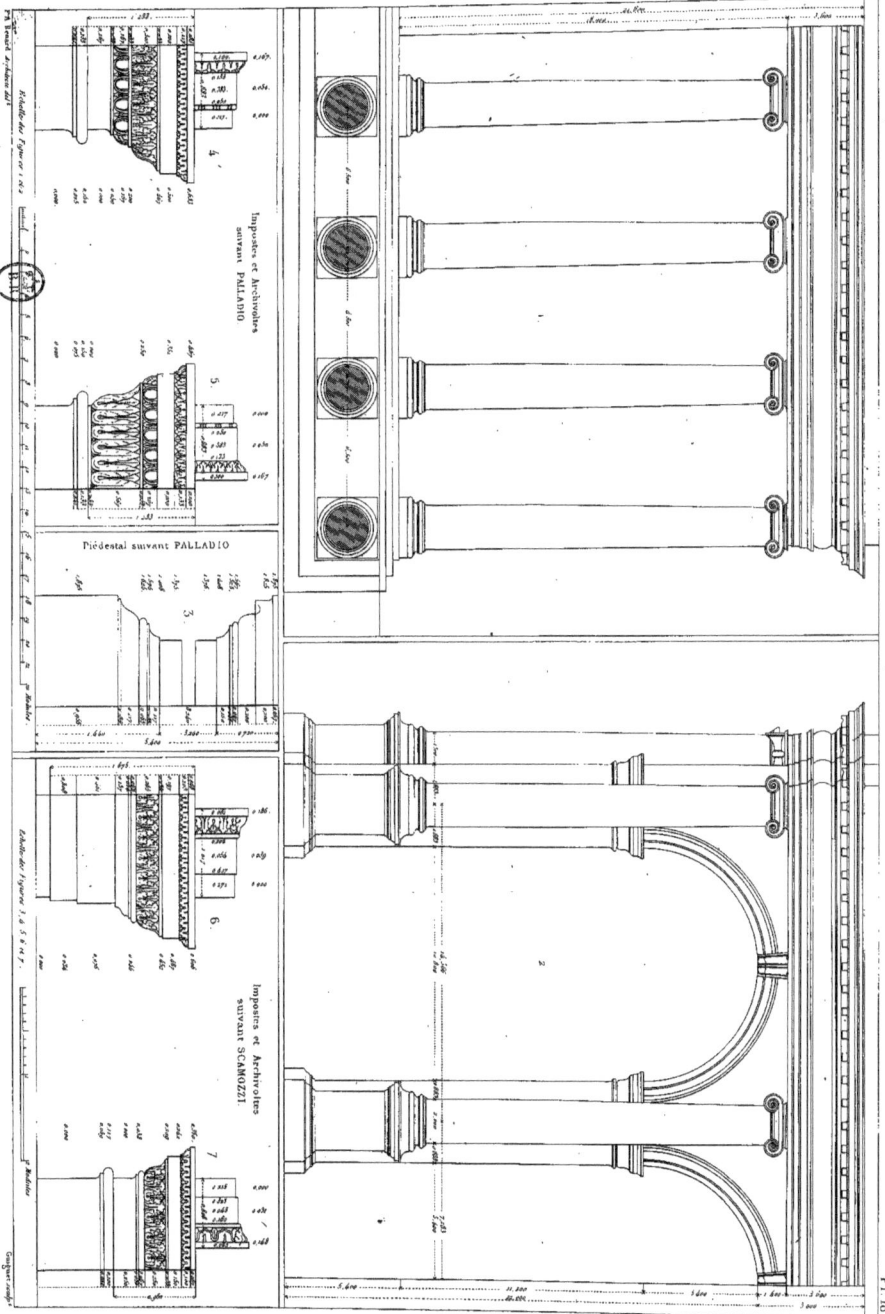

ORDRE IONIQUE.
Entrecolonnement et Portique suivant ANDRÉ PALLADIO.

Imposte et Archivolte suivant PALLADIO

Piédestal suivant PALLADIO

Imposte et Archivolte suivant SCAMOZZI

Pl. 18

DESCRIPTION DE LA PLANCHE DIX-SEPTIÈME.

ORDRE IONIQUE.

PARALLÈLE DE L'ORDRE IONIQUE SUIVANT LES AUTEURS.

HAUTEURS GÉNÉRALES DE L'ORDRE IONIQUE.					GROSSEUR DU FUT DE LA COLONNE IONIQUE.		
SUIVANT :			HAUTEUR DES PRINCIPAUX MEMBRES.	HAUTEUR TOTALE DE L'ORDRE.	GROSSEUR A LA BASE DU FUT.	GROSSEUR AU PREMIER TIERS.	GROSSEUR AU SOMMET.
			Mod.	Mod.	Mod.	Mod.	Mod.
SÉBASTIEN SERLIO. . . .	Entablement. . .		2 840				
	Colonne.		16 000	24 340	2 000	2 000	1 666
	Piédestal.		5 500				
VINCENT SCAMOZZI. . .	Entablement. . .		3 500				
	Colonne.		17 500	26 000	2 000	2 000	1 666
	Piédestal.		5 000				
CLAUDE PERRAULT. . .	Entablement. . .		4 000				
	Colonne.		17 333	26 666	2 000	1 911	1 732
	Piédestal.		5 333				
PHILIBERT DE L'ORME. .	Entablement. . .		3 140				
	Colonne.		18 000	26 692	2 000	2 000	1 666
	Piédestal.		5 552				
ANDRÉ PALLADIO. . . .	Entablement. . .		3 600				
	Colonne.		18 000	27 000	2 000	2 000	1 750
	Piédestal.		5 400				
BAROZZIO DE VIGNOLE.	Entablement. . .		4 500				
	Colonne.		18 000	28 500	2 000	2 000	1 666
	Piédestal.		6 000				

ORNEMENTATION DE MOULURES

POUR LES ORDRES

DORIQUE, IONIQUE, CORINTHIEN ET COMPOSITE.

PARALLÈLE DE L'ORDRE IONIQUE SUIVANT LES AUTEURS

SERLIO

SCAMOZZI

PERRAULT

DE L'ORME

PALLADIO

VIGNOLE

Ornementation
de
Mouluures
pour les Ordres
Dorique, Ionique, Corinthien
et Composite

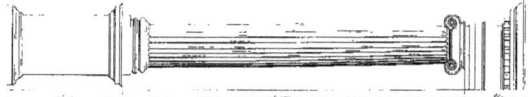

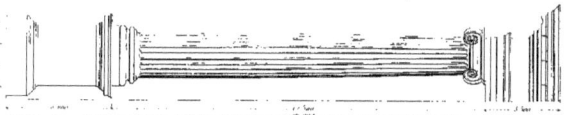

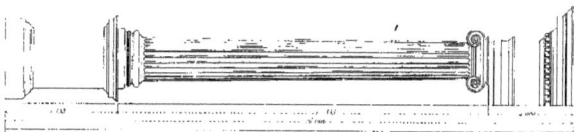

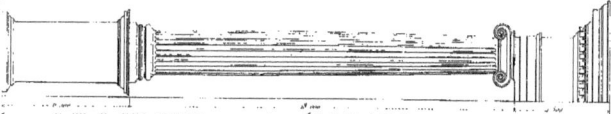

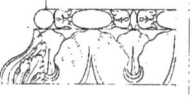

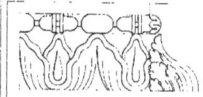

Pl. 27

DESCRIPTION DE LA PLANCHE SEIZIÈME.

ORDRE DORIQUE.

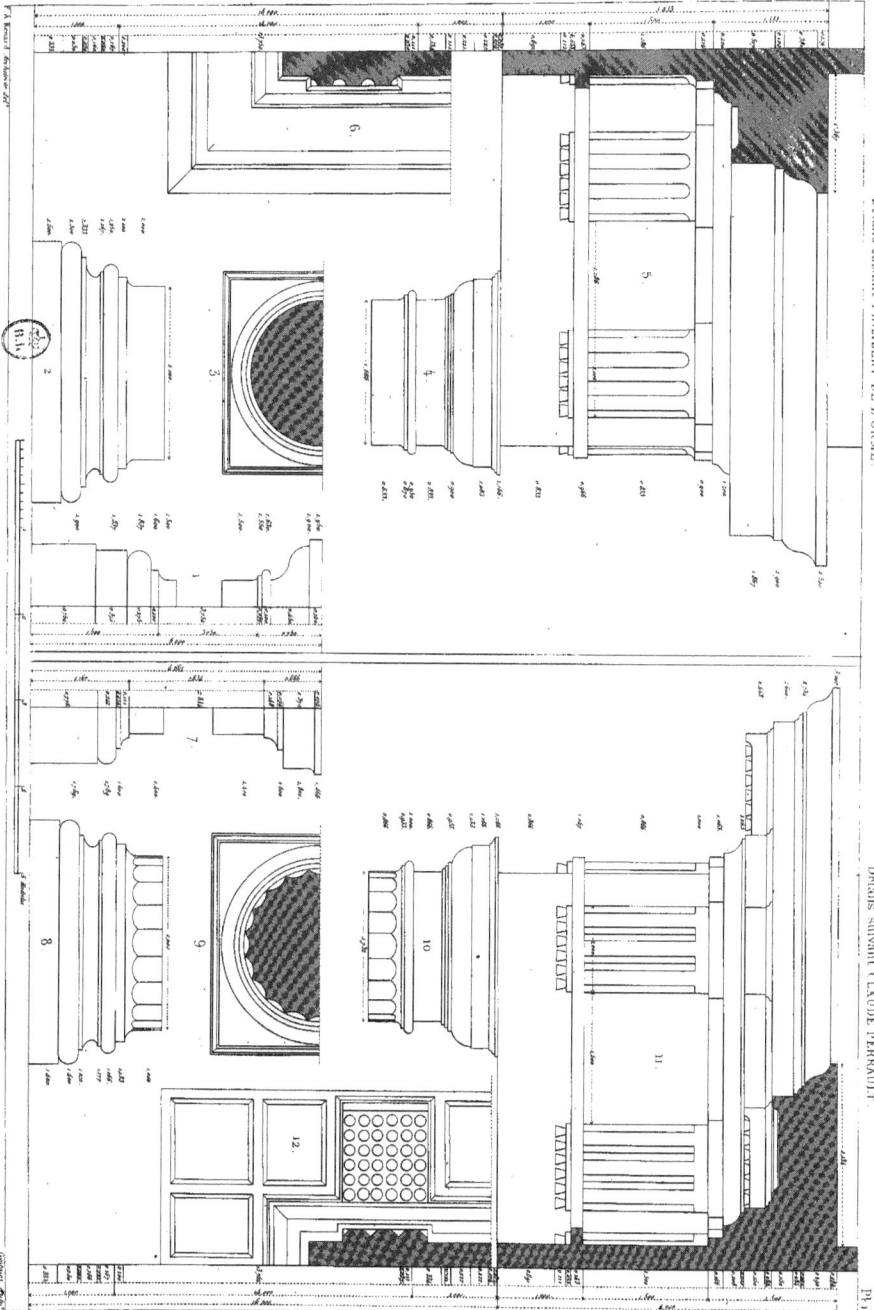

Pl. 16

Détails suivant PHILIBERT DE L'ORME.

Détails suivant CLAUDE PERRAULT.

2 3 4 5 6 1

7 8 9 10 11 12

DESCRIPTION DE LA PLANCHE QUINZIÈME.

ORDRE DORIQUE.

TRACÉ DES CANNELURES DE LA COLONNE DORIQUE ET DE LA SCOTIE DE LA BASE DITE ATTIQUE.

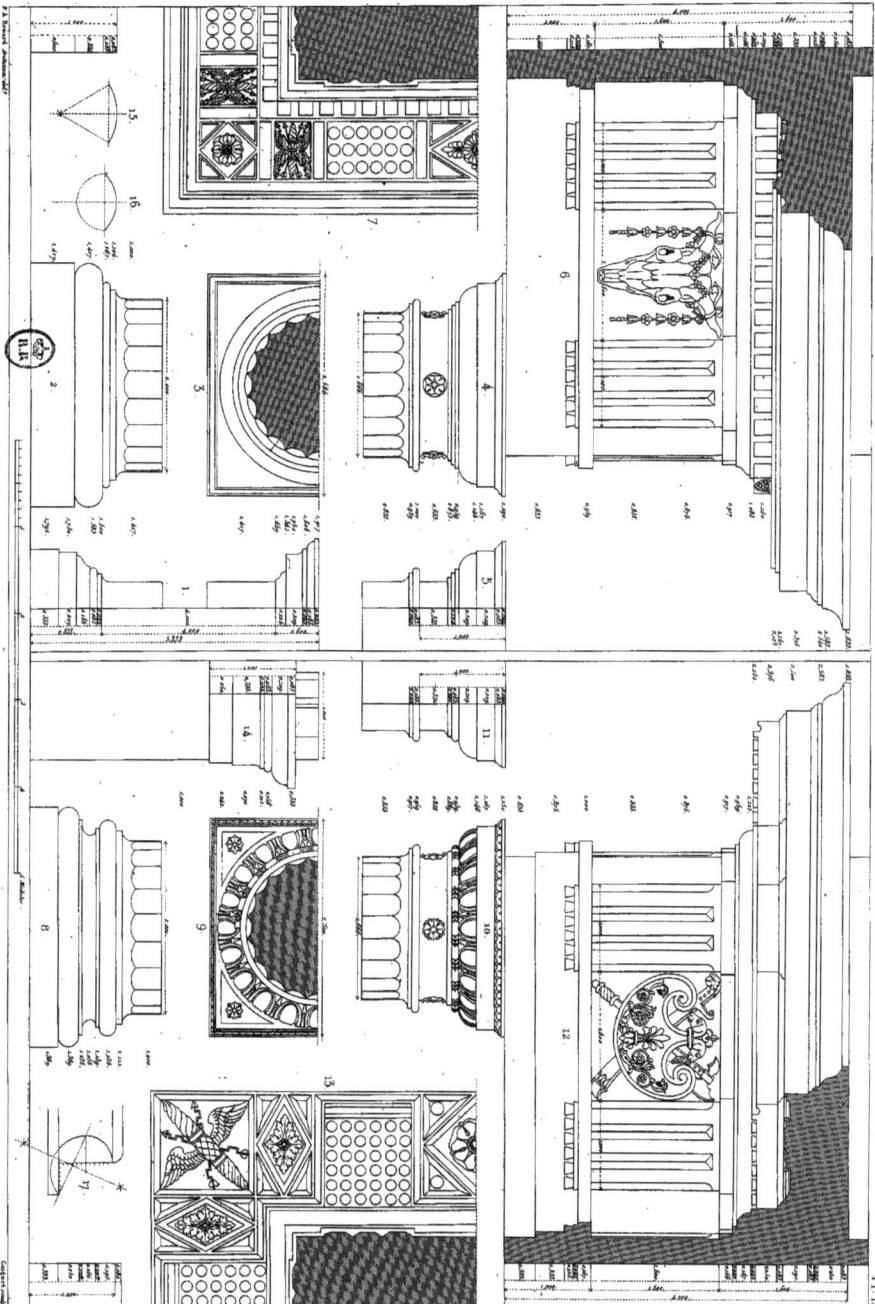

ORDRE DORIQUE.

Dorique denticulaire suivant BAROZZIO DE VIGNOLE

Dorique mutulaire suivant le même Auteur

Pl. 15.

DESCRIPTION DE LA PLANCHE QUATORZIÈME.

ORDRE DORIQUE.

ENTRE-COLONNEMENT ET PORTIQUES SUIVANT BAROZZIO DE VIGNOLE.

Fig. 1. Entre-colonnement dorique.
Fig. 2. Portique'sans piédestal.

Fig. 3. Portique dorique avec piédestal.

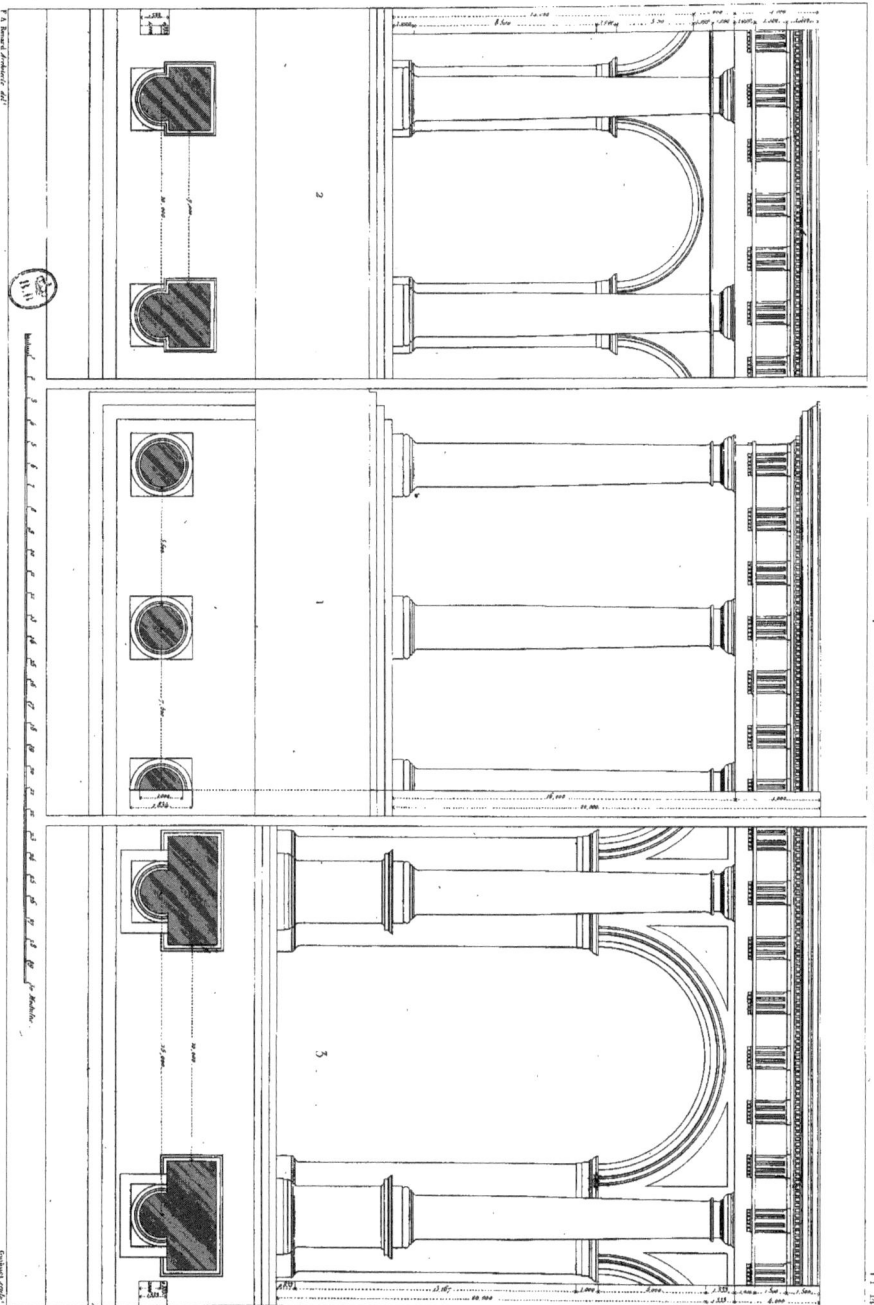

Pl. 26.

Entrecolonnement et Portiques suivant BAROZZIO DE VIGNOLE.

F. N. Bernard Architecte del.

Guyard sculp.

ORDRE DORIQUE.

ENSEMBLES ET DÉTAILS DE L'ORDRE DORIQUE SUIVANT SÉBASTIEN SERLIO.

Fig. 1 et 2. Applications au frontispice d'un temple.

Fig. 3. Détail du piédestal dorique.

Fig. 4. Détail de la base de la colonne.

Fig. 5. Plan du chapiteau.

Fig. 6. Élévation du chapiteau.

Fig. 7. Profil et élévation de l'entablement.

Fig. 8. Plan du plafond de l'entablement.

Fig. 9. Tracé de la cannelure de la colonne dorique.

Sur la ligne AB qui doit réunir les deux arêtes de la cannelure, on construit le carré ACDB; on mène les deux diagonales AD et CB, puis du point de rencontre de celles-ci, c'est-à-dire du centre du carré, on décrit l'arc de cercle AB.

PROPORTIONS ET TRACÉS DES FRONTONS, SUIVANT LE MÊME AUTEUR.

Nous nous servons des applications représentées par les figures 1 et 2 pour faire connaître les deux méthodes que Serlio propose pour les proportions à donner aux frontons.

La première de ces méthodes consiste à donner pour hauteur au tympan du fronton la neuvième partie de la longueur du filet sur lequel la cimaise prend naissance. (*Voyez* fig. 1.)

La deuxième méthode est celle-ci : Les points supérieurs du filet qui couronne la cimaise aux deux extrémités de la corniche sont réunis par la ligne AB; du point C formé par la rencontre de cette ligne avec l'axe de l'édifice, on décrit la demi-circonférence ADB, puis du point D, l'arc de cercle AEB; le point E devient ainsi le sommet du fronton, et le tracé de ce dernier est enfin déterminé en menant les lignes EA et EB.

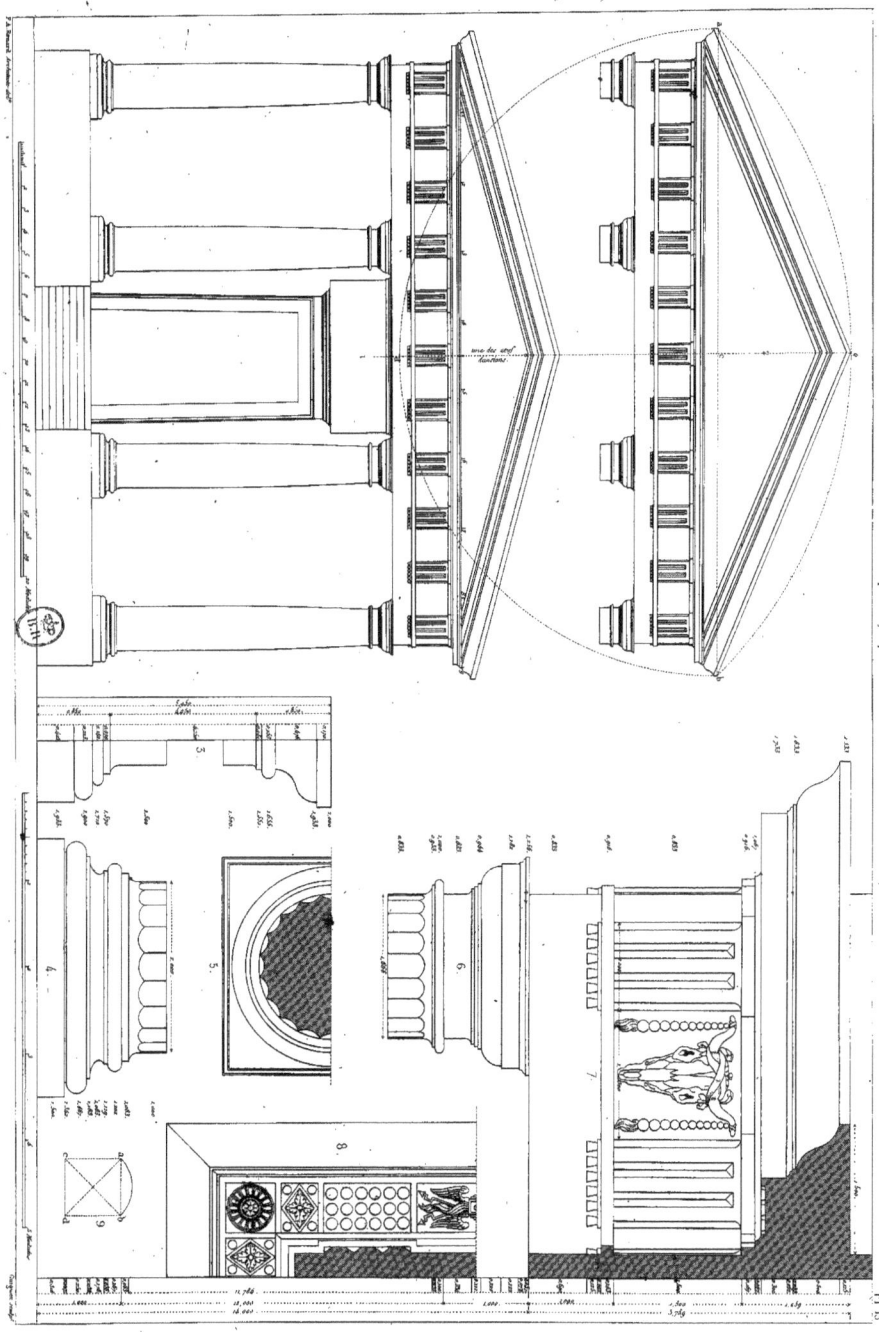

ORDRE DORIQUE.

Ensembles et Détails de l'Ordre Dorique et proportions des Frontons suivant Sébastien SERLIO.

J. B. Brouard Architecte del.

Pl. 5.

DESCRIPTION DE LA PLANCHE DOUZIÈME.

ORDRE DORIQUE.

Pl. 12

DESCRIPTION DE LA PLANCHE ONZIÈME.

ORDRE DORIQUE.

ENTRE-COLONNEMENTS ET PORTIQUES SUIVANT VINCENT SCAMOZZI

Fig. 1. Entre-colonnement sans piédestal.
Fig. 2. Entre-colonnement avec piédestal.
Fig. 3. Portique dorique sans piédestal.
Fig. 4. Portique dorique avec piédestal.

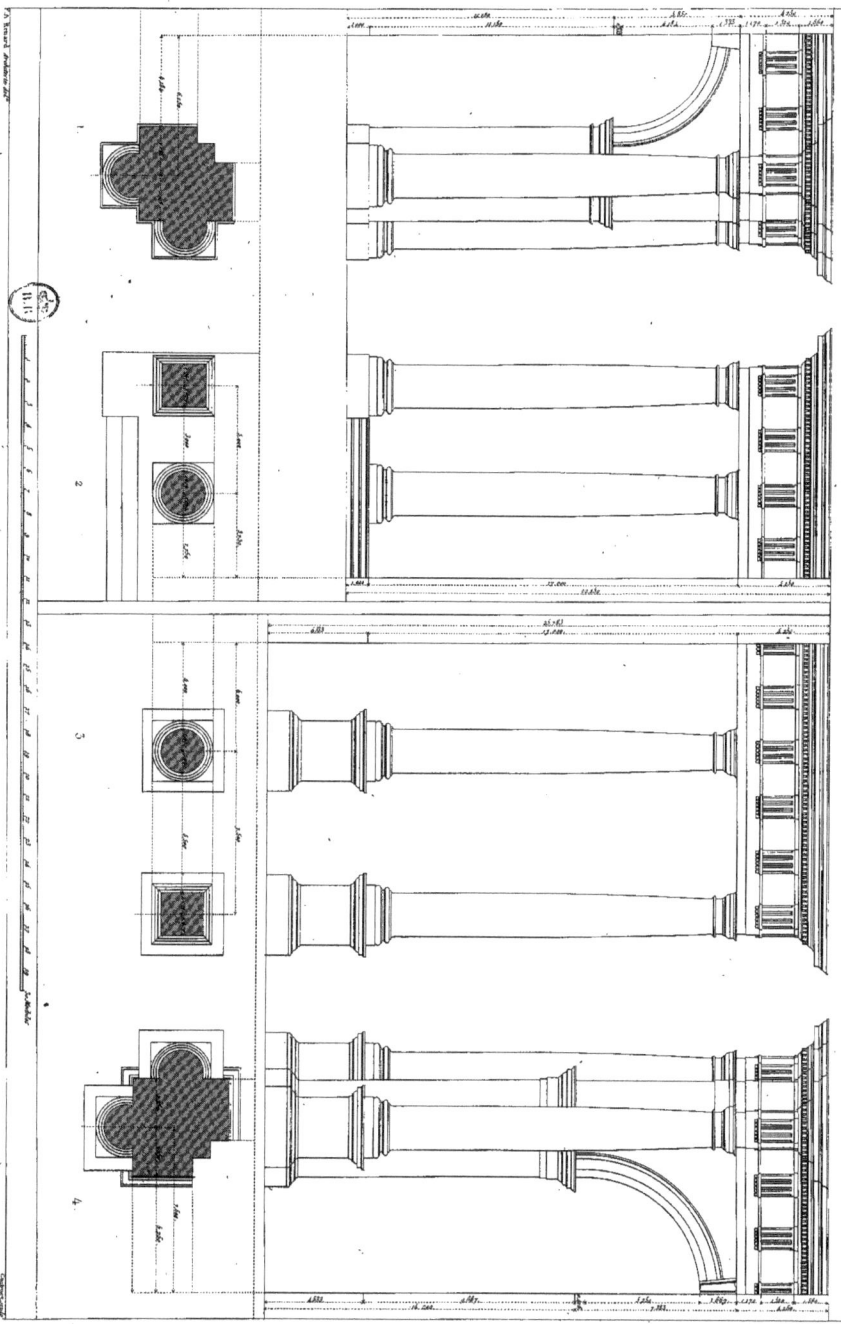

Pl. 31

DESCRIPTION DE LA PLANCHE DIXIÈME.

ORDRE DORIQUE.

ENTRE-COLONNEMENT ET PORTIQUE, SUIVANT PALLADIO.

Fig. 1. Entre-colonnement dorique avec colonnes sans bases.

Fig. 2. Portique d'ordre dorique avec piédestal.

DÉTAILS DES IMPOSTES ET ARCHIVOLTES SUIVANT PALLADIO ET SCAMOZZI.

Fig. 3. Imposte avec archivolte suivant Palladio.

Fig. 4. Autre imposte avec la même archivolte suivant le même auteur.

Fig. 5. Petite imposte avec son archivolte suivant Scamozzi.

Fig. 6. Grande imposte avec son archivolte suivant le même auteur.

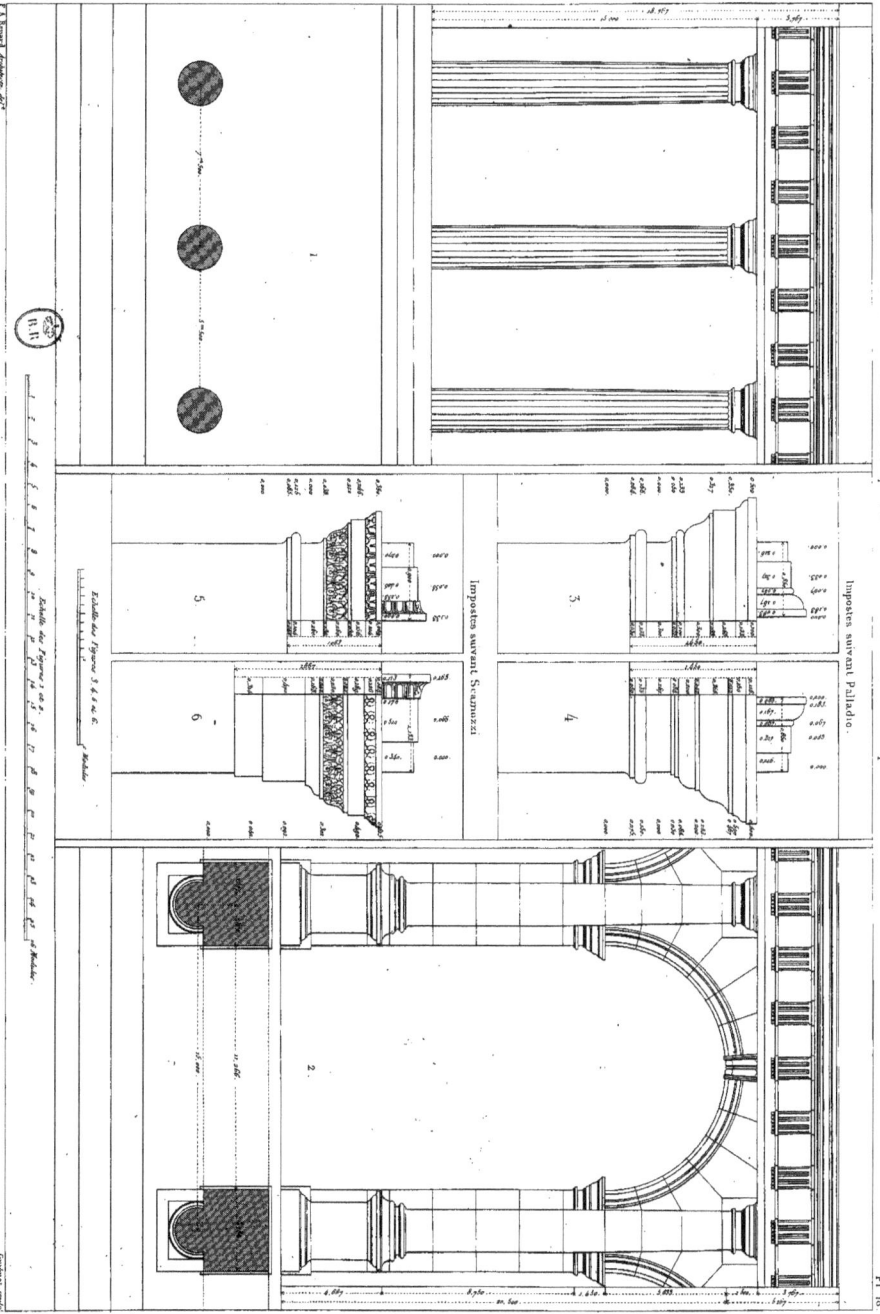

Entrecolonnement et Portique, suivant PALLADIO. Détails des Impostes suivant PALLADIO et SCAMOZZI.

Impostes suivant Palladio.

Impostes suivant Scamozzi.

P. A. Renard, Architecte. del'

Echelle des Figures 3. 4 et 6.

Echelle des Figures 1 et 2.

Modules.

Pl. 10.

Gouget sc.

DESCRIPTION DE LA PLANCHE NEUVIÈME.

ORDRE DORIQUE.

PARALLÈLE DE L'ORDRE DORIQUE SUIVANT LES AUTEURS.

HAUTEURS GÉNÉRALES DE L'ORDRE DORIQUE.				GROSSEUR DU FUT DE LA COLONNE DORIQUE.		
SUIVANT :		HAUTEUR DES PRINCIPAUX MEMBRES.	HAUTEUR TOTALE DE L'ORDRE.	GROSSEUR A LA BASE DU FUT.	GROSSEUR AU PREMIER TIERS.	GROSSEUR AU SOMMET.
		Mod.	Mod.	Mod.	Mod.	Mod.
Sébastien SERLIO. . . .	Entablement. . . Colonne. . . . . Piédestal.	3 759 14 000 5 950	23 709	2 000	2 000	1 666
Claude PERRAULT. . .	Entablement. . . Colonne. . . . . Piédestal.	4 000 16 000 4 667	24 667	2 000	1 911	1 732
Barozzio de VIGNOLE.	Entablement. . . Colonne. . . . . Piédestal.	4 000 16 000 5 333	25 333	2 000	2 000	1 666
André PALLADIO. . . .	Entablement. . . Colonne. . . . . Piédestal.	3 767 17 333 4 667	25 767	2 000	2 000	1 734
Vincent SCAMOZZI. . .	Entablement. . . Colonne. . . . . Piédestal.	4 250 17 000 4 533	25 783	2 000	2 000	1 600
Philibert de l'ORME. .	Entablement. . . Colonne. . . . . Piédestal.	3 833 16 000 6 000	25 833	2 000	2 000	1 666

ROSACES ET ATTRIBUTS DIVERS

POUR L'ORNEMENTATION

DE LA FRISE ET DU PLAFOND DE L'ENTABLEMENT DORIQUE.

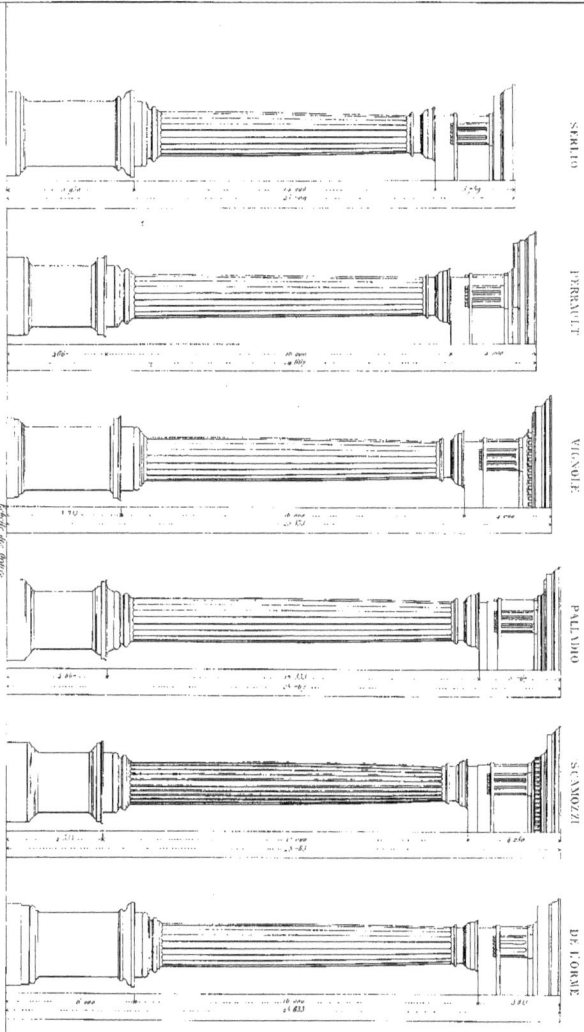

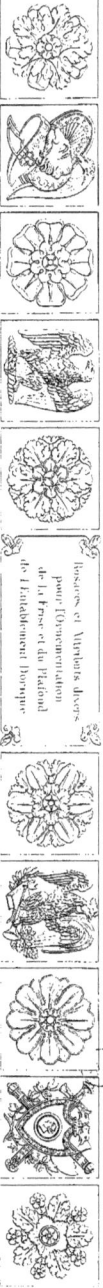

ORDRE DORIQUE.

Parallèle de l'ORDRE DORIQUE suivant les Auteurs

SERLIO

PERAULT

VIGNOLE

PALLADIO

SCAMOZZI

DE L'ORME

Rosaces et Oiseaux divers
pour l'Ornementation
de la Frise et du Plafond
de l'Entablement Dorique

Pl. 9

DESCRIPTION DE LA PLANCHE HUITIÈME.

ORDRE TOSCAN.

DÉTAILS SUIVANT PHILIBERT DE L'ORME.

DÉTAILS SUIVANT CLAUDE PERRAULT.

Fig. 1. Socle et base de la colonne.

Fig. 2. Variante des deux membres ci-dessus.

Fig. 3. et 4. Élévations de deux chapiteaux.

Fig. 5. Profil et élévation de l'entablement.

Fig. 6. Variante de l'entablement.

Fig. 7. Piédestal.

Fig. 8. Base de la colonne.

Fig. 9. Plan du chapiteau.

Fig. 10. Élévation du chapiteau.

Fig. 11. Profil et élévation de l'entablement.

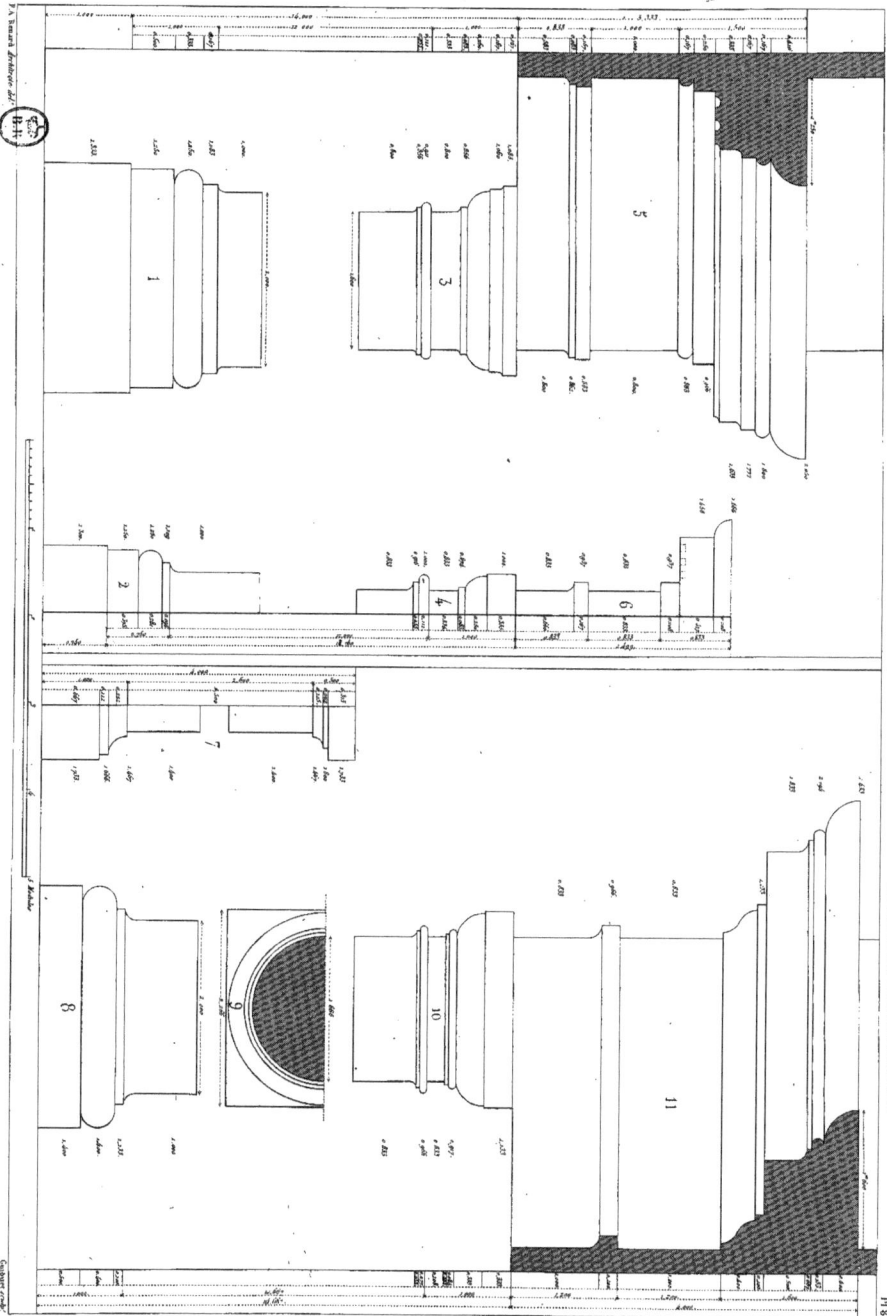

ORDRE TOSCAN.

Details suivant PHILIBERT DE L'ORME

Détails suivant CLAUDE PERRAULT

Pl. 8

DESCRIPTION DE LA PLANCHE SEPTIÈME.

ORDRE TOSCAN.

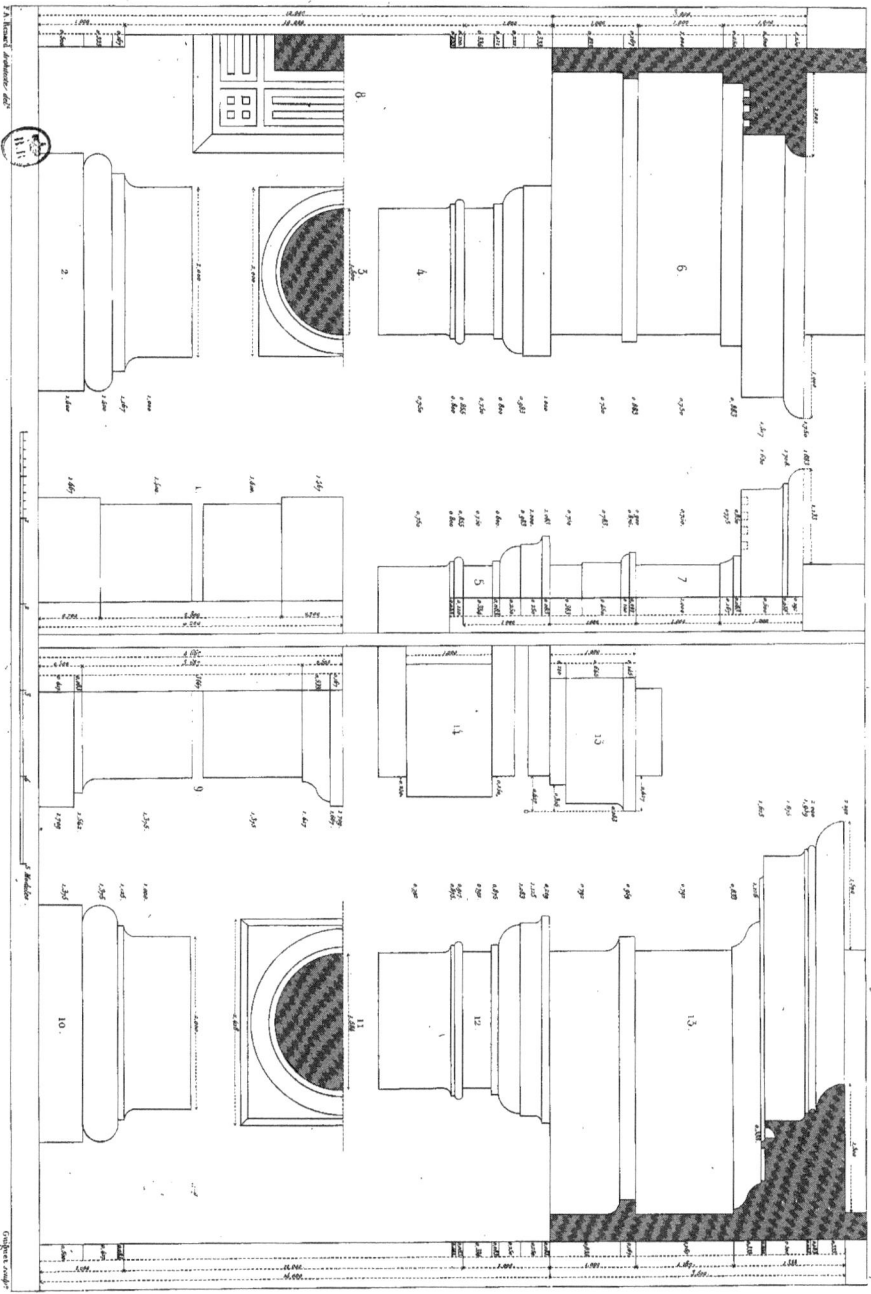

Détails suivant SÉBASTIEN SERLIO

Détails suivant BAROZZIO DE VIGNOLE

Pl. 7

A. Hérard Architecte del.

Guérinet sculp.